INHALT

OTTO KOCH

Er ist ein Vorreiter der feinen Küche in Deutschland, hat sie in den vergangenen Jahrzehnten immer wieder entscheidend beeinflusst: Otto Koch. Vor allem war der gebürtige Bayer der erste, der auch die regionale Küche verfeinerte. Seine „Falsche Prinzregententorte" oder die „Weißwurst von Meeresfrüchten" sind längst kulinarische Geschichte. Heute würde man diese Gerichte „Signature Dishes" nennen – Otto Koch hat im Laufe seiner Karriere eine beeindruckende Zahl solcher Speisen entwickelt. Originelle und originale Gerichte, die alle auf ihren über die Maßen kreativen Schöpfer verweisen. Und die ihm früh Anerkennung brachten: Schon 1976 bekam er mit seinem Restaurant „Le Gourmet" in München den ersten Stern, viele weitere Auszeichnungen folgten. Auch international fand sein kulinarisches Werk Beachtung. 1995 lobten die „New York Times" und die „International Herald Tribune" die kreative, moderne, regionale Küche seines Restaurants.

Otto Koch unterschied nicht mehr zwischen Haute Cuisine auf der einen und einfacher Kost auf der anderen Seite, sondern schlicht nur zwischen guter und schlechter Küche. Auch bei den einfachen, preiswerten Gerichten achtete er von Anfang an auf hohe Produktqualität. Und setzte sich deshalb schon früh, wieder als einer der Ersten, für biologische Produkte und deren Anbau ein.

Genuss und Qualität zu verbessern – das war auch sein Ziel, als Otto Koch 1996 begann, den Reiseveranstalter „Robinson" kulinarisch zu beraten. Bei 25 in der ganzen Welt verstreuten „Robinson-Clubs" hieß das: Kochen auf hohem Niveau, aber immer mit Blick auf die Gegebenheiten der jeweiligen Landesküchen. Keine leichte Aufgabe. Doch die Anstrengung wurde 2004 mit einem Michelin-Stern für das Restaurant „KochArt" des Robinson-Select Alpenrose Hotels im österreichischen Zürs gekrönt. Nach Jahren in aller Welt fand Koch schließlich wieder den Weg zurück in seine Heimatstadt München. Seit Ende 2009 ist er Patron im „Restaurant 181" im Olympiaturm.

Neben all seinen Aktivitäten, auch regelmäßig vor der Kamera für das „ARD-Buffet", kümmert sich Otto Koch heute in der „École Culinaire" mit Erfolg um die Weiterbildung von Köchen in Betriebsrestaurants. Stichwort Nachwuchs: Koch nahm und nimmt sich immer sehr viel Zeit, ihn auszubilden und zu fördern. Für viele junge Spitzenköche ist er heute noch „Papa Otto". Denn trotz seiner großen beruflichen Erfolge ist Otto Koch immer auf dem Boden geblieben, hilfsbereit, bescheiden. Ein liebenswürdiger Mensch.

WIE GASTRONOMIE FUNKTIONIERT ...

Otto, was ist deine gastronomische Philosophie? Welches Konzept steht hinter dem „Restaurant 181" im Olympiaturm?

Ich möchte Menschen begeistern und überraschen mit wunderbaren Produkten und Gerichten. Das gilt auch für das „181": Wir möchten unseren Gästen einen unvergesslichen Abend bereiten. Die Menschen gehen ja aus, um etwas zu erleben, und wir wollen ihnen etwas Besonderes bieten. Auch für den Betreiber „Arena One", einen der größten Sport-Caterer der Welt, soll die Gastronomie im Münchner Olympiaturm ein Aushängeschild werden. Deshalb habe ich meine Aufgabe dort übernommen. Wir haben ein Restaurant für verschiedene Gästeansprüche geschaffen: Wie im Flugzeug haben wir eine Business Class und eine First Class. Und jede Stunde geht es in unserem Drehrestaurant einmal zu einem „Rundflug" um München – mit der Aussicht dort ist das einzigartig. Wir holen die Gäste unten am Aufzug ab und bringen sie dem Himmel ein kleines Stück näher, tatsächlich und kulinarisch.

Heute sind Komponenten wie Raum, Privatsphäre, Qualität, Kreativität und persönlicher Service der wahre Luxus. Wir versuchen das umzusetzen, im „181 Business" auf sehr hohem Niveau und im „First" auf Spitzenniveau. Gekocht wird natürlich in beiden Bereichen sehr gut, aber der Aufwand an Produkten, Präzision und Zubereitung ist eben unterschiedlich hoch. Und im „181 Business" achten wir noch mehr auf die Zeit unserer Gäste. Zeit ist ja auch ein wertvolles Gut für jeden Menschen geworden.

Wie kann es ein Gastronom überhaupt schaffen, ein Restaurant mit gehobener Küche erfolgreich zu führen?

Dazu brauche ich hervorragende Produkte, begeisterte Mitarbeiter und natürlich wirtschaftliches Denken.

I. GUTE PRODUKTE

Gute Produkte gehören zu den Voraussetzungen einer guten Küche. Du warst einer der ersten Küchenchefs, der nach guten Produkten aus der Region gesucht hat. Schon damals, zu Beginn der 70er-Jahre, mit deinem Restaurant „Mei Küch".

Damals brachte ich die regionale, modifizierte Küche aus der Schweiz nach Bayern. Produktqualität spielte da eine sehr große Rolle. Ich war aber zu früh dran, gute Produkte musste man in den 70ern ganz bewusst suchen. Wir brachten sie aus Frankreich mit oder ließen sie hier in Deutschland selbst produzieren.

Zum Beispiel schlug ich einem Winzer in Rheinhessen vor, er solle seinen Wein noch drei, vier Monate ins Barrique legen. Für den waren aber die 800 Mark Anschaffungskosten für das Fass zu hoch. Außerdem befürchtete er, dass ihm niemand den teureren Wein abkauft. Da habe ich ihm das Barriquefass vorfinanziert und ihm auch versprochen, den Wein am Ende zu kaufen. Oder meine Enten: Die ließ ich von einem Bauern in meinem Heimatort Gröbenzell nach meinen Vorstellungen züchten. Und er hat sie auch so geschlachtet, wie ich es wollte: étouffé. Dabei bleibt das Blut in der Ente und erhöht schließlich den Geschmack und die Bindefähigkeit der Sauce.

Man muss um die Lebensmittelqualität kämpfen. Das heißt auch, bei den Menschen ein Bewusstsein für die Qualität der Produkte zu schaffen.

Was kann ich denn als Koch tun, damit meine Gäste mehr Bewusstsein für die Qualität der Produkte bekommen?

Für mich sind die Schuldigen an der Qualitätsmisere in Deutschland die Einkäufer der Supermarktketten und der großen Hotels. Die kaufen mit dem Computer ein, was am billigsten ist. Aber unsere Gäste essen keine Computer! In Frankreich, Spanien oder Italien geht man auf den Markt, fragt: Was haben Sie heute Besonderes? Was ist das Beste? Bei uns heißt es: Was ist das Billigste? Aber dabei kommt eben nichts Gutes raus. Und die Produzenten werden gezwungen, immer noch billiger und oft fragwürdiger zu produzieren.

Das „181" ist ein großes Restaurant. Gibt es dafür denn all die Produkte in guter Qualität aus der Region? Wo kommen die Produkte her?

Lamm kaufe ich auf dem Gutshof Polting, jetzt bei Riederer junior. Ich war der erste Kunde, der Riederer senior damals motiviert hat, seine Lämmer noch besser aufzuziehen. Er hat sie schließlich jünger gelassen, abgehängt und vor allem zur rechten Zeit geschlachtet. Seit einiger Zeit macht er außerdem Milchlamm, das ihm inzwischen auch bezahlt wird. Ein Milchlamm muss eben auch das Doppelte kosten. Das Qualitätsbewusstsein der Familie Riederer ist absolut beispielhaft.

Gibt's so jemanden auch beim Gemüse?

Natürlich greifen wir heute soweit es geht auf deutsche Produzenten zurück. Vor allem beim „181 First" brauchen wir kontinuierlich besondere Spezialitäten und hohe Qualität. Und Gemüse hat ja eine Saison. Im Winter ist das Angebot bei uns zu stark eingeschränkt, da müssen wir doch Produkte von anderswo nehmen.

Bei meiner Arbeit für „Robinson" bin ich manchmal gezwungen, ausschließlich auf saisonale Produkte zurückzugreifen. Denn in Ländern wie der Türkei, Tunesien oder Marokko sind häufig keine Importe erlaubt. Ein Problem ist dabei der Anspruch der Gäste: Sie möchten die ganze Palette an Obst, nicht nur Melone, Birne und Grapefruit. Die Gäste sind heute eben gewöhnt, das breite Angebot zu haben, dafür zahlen sie dann auch mehr – jedenfalls in einem Vier-, Fünf-Sterne-Hotel.

Für das „181" nehmen wir auch Produkte aus Europa, je nach Saison. Ich suche aber Tomaten, die nur mit Wasser und Hitze aufgezogen worden sind. Die sind teuer. In der Münchner Groß-markthalle gibt's nur wenige, die solche Tomaten verkaufen. Es ist ein permanenter Prozess, auf den Markt zu gehen, die besten Produkte zu suchen und sie auszuprobieren. Ich nenn' das: an der Tomate bleiben!

Der Einkauf hochwertiger Produkte ist heute aber generell einfacher geworden?
Ja, weil das Bewusstsein und die Nachfrage der Konsumenten einerseits und die Konkurrenz der Händler andererseits größer geworden sind. Es gibt mehr Produzenten und mehr Händler. 1974 haben Eckart Witzigmann, Dieter Biesler, Hans-Peter Wodarz und ich angefangen uns am Markt in Paris zu orientieren, an Rungis. Damals gab es keinen Vertrieb in Deutschland von Rucola, Crème fraîche, Trüffel, Loup de mer, Doraden, Barbarie-Enten, Bressegeflügel oder Gänseleber, um nur einige zu nennen. Das haben wir aus Frankreich importiert, die Gänseleber haben wir sogar in Salatsteigen geschmuggelt.

„… DAS IST EINE FRAGE VON GLOBALER ETHIK, VON NACHHALTIGKEIT. WIR MÜSSEN NACHHALTIG PRODUZIEREN UND STÄNDIG HINTERFRAGEN: WAS IST ZUKUNFTSFÄHIG UND WAS NICHT?"

Stichwort Fisch: Darf man den heute überhaupt noch essen?
Was ich nicht mag, ist dieses „auf jeden Fall billig". Der billige Viktoria-Barsch, den wir den Afrikanern wegessen, muss einfach nicht sein. Das ist eine Frage von globaler Ethik, von Nachhaltig-keit. Wir müssen selbst nachhaltig produzieren und ständig hinterfragen: Was ist zukunftsfähig und was nicht?

Neulich habe ich zum Beispiel eine hervorragende Lachsfarm in Bergen besucht. Sie kontrol-lieren dort was, wie und wo sie züchten. Die Fische sind in riesengroßen Netzen im Meer, von dort werden sie lebend in Tankschiffe verfrachtet. Dann kommen sie in ein Becken, in dem das Wasser langsam auf zwei Grad abgekühlt wird. Da fühlen sich die Fische wie im Winter unter natürlichen Bedingungen und sind ganz ohne Stress. Sie werden adrenalinfrei geschlachtet und vor der Totenstarre ohne Bakterien filetiert und verarbeitet. So ein Fisch hat nach einer Woche bei uns Sushi-Qualität! Diese Produktionsmethode ist gut für den Fisch und vor allem für uns. Und natürlich auch teurer als beim massengeschlachteten Lachs, der aber oft schmierig und matschig ist, weil er schon 10 Tage alt oder noch älter ist.

Es gibt mittlerweile einige Methoden, gute Fischqualität nachhaltig zu produzieren. Im Norden Portugals habe ich mir für den „Servicebund Deutschland" - der sich vorbildlich engagiert für Qualität und Nachhaltigkeit bei der Produktion von Lebensmitteln - auch eine Steinbutt-Farm angeschaut. Die haben schon 10 Millionen Steinbutte in verschiedenen Größen. Die Becken der Fische werden mit allerfrischestem Wasser gespeist, das durch einen vier Kilometer langen

Betonkanal direkt aus dem Meer kommt. Die Becken sind von oben abgeschattet, damit die Bedingungen sind wie im tiefen Meer. Per Computer wird ausgerechnet, wie viele Fische in jedem Becken sein dürfen. Der Geschmack des Fischfleischs wird zudem verbessert durch verändertes Futter. Es gibt nur noch ganz wenig Fischmehl. Außerdem bekommen besonders gesunde und leistungsfähige Vater- und Muttertiere einen Chip eingesetzt. Da hat man am Ende fantastische Produkte. Das Projekt wird zur Hälfte von der EU gefördert. Das ist der Weg, um in Zukunft die Welt zu ernähren. Man kann nicht immer noch mehr fischen, bis am Ende nichts mehr da ist.

Wie zum Beispiel beim Thunfisch ...

Ja, aber auch beim Thunfisch gibt es die Möglichkeit, Produkte zu kaufen, die vom „Marine Stewardship Council" (MSC) zertifiziert sind. Das MSC bürgt für nachhaltige Fischerei. Man kauft dann kontrolliert gefischte Thunfische mit der Perspektive, den Fischbestand zu erhöhen. Und es gibt auch neue Qualitätstechniken: Früher hat man Thunfisch gepökelt und mit Nitraten versetzt, weil er sonst nach drei Tagen die schöne rote Farbe verliert. Inzwischen ist das zwar verboten, wird aber immer noch oft praktiziert. Heute gibt es ein neues Verfahren mit Stickstoff-Schockkühlung, bei dem die Zellen nicht platzen. Aufgetaut hält sich die Farbe dann bis zu sechs Tage. Und der Fisch verliert auch kein Wasser – ein sauberes Spitzenprodukt.

Alle reden von „dry aged beef" - was meinst du dazu?

Heute ist das ein Modewort, früher hat man Fleisch nur „trocken gereift". Wenn das Tier geschlachtet war, hat man es im Kühlraum abgehängt und die Schnittflächen mit Nierenfett bestrichen. Das ging gut, wenn im Kühlraum die Luftfeuchtigkeit so gering war, dass das Fleisch leicht antrocknen konnte. Bei zu viel Feuchtigkeit wird es leicht schmierig. Ein Problem gibt es dabei: Wenn ich die Tür zum Kühlraum öffne, gibt es sofort - wie Tau am Blatt - Wassertropfen, die sich auf dem Fleisch niederschlagen. Die Feuchtigkeit muss also immer sofort wieder abgezogen werden, mit einem Luftentfeuchter. Dann verledert die Außenhaut des Fleisches und in den nächsten Wochen passiert nichts mehr. Das hat man früher besonders in Italien, Frankreich, England sehr gut gemacht. Auch weil dort das Rind anders zerteilt wird als bei uns. Die „edlen" Stücke - Rücken, Filet, Hüfte und Tafelspitz - bleiben dort nämlich für die Reifung in einem Stück, mit zwei ganz kleinen Schnittflächen an den Enden. Während deutsche Metzger Hüfte und Tafelspitz mit der Keule verkaufen, so dass der Filetkopf freiliegt und austrocknet. Deshalb wird das Fleisch hier selten trocken gereift, sondern in Vakuumbeuteln. Das schmeckt lange nicht so gut. Aber das sind jetzt vielleicht auch Feinheiten, die nur Profis interessieren ...
Für den Hobbykoch sind jedenfalls trocken gereifte Stücke eine gute Alternative, die über den Versandhandel schockgefrostet verkauft werden.

Wir haben damals im „Le Gourmet " unsere natürlich sorgfältig gereiften Fleischstücke sehr oft angebraten und dann bei 70 Grad langsam fertig durchziehen lassen. Heute machen es manche Köche genau andersherum. Was ist denn nun richtig?

Ganz einfach: Wenn ich das Fleisch erst anbrate und dann ziehen lasse, ist es viel schneller fertig, als wenn ich es kalt auf einem Teller in den Niedertemperaturofen lege, erhitze und erst dann kurz in der Pfanne knusprig brate. Im À-la-carte-Geschäft eines Restaurants habe ich ab der Bestellung nur begrenzte Zeit, bis der Hauptgang fertig sein muss. Also brate ich erst an. Zu Hause oder für ein Menü ist es am einfachsten, ein Steak (Lende, Filet oder ein anderes hochwertiges Fleisch wie Rehrücken oder Entenbrust) auf einem Teller zwei Stunden lang bei niedriger Temperatur - zwischen 55 und 70 Grad, je nach Geschmack - zu garen, bis es eigentlich fertig ist. Dann ganz kurz braten, das Ergebnis ist immer perfekt.

II. GUTE MITARBEITER

Um auf hohem Niveau und dabei wirtschaftlich gut arbeiten zu können, braucht man auch erstklassige Arbeitskräfte. Wie bekommt man die?

Ja, es ist sehr wichtig, dass man die richtigen Leute um sich schart. Leute, die nicht nur einen Job erledigen wollen. Die genau das wollen, was du auch willst. Ich möchte nicht, dass meine Mitarbeiter gegen mich arbeiten, nur weil ich der Chef bin. Die Kunst ist es, sogar offensichtliche Gegner zu Freunden zu machen. Am wichtigsten ist aber, die richtigen Leute zu suchen. Wenn du Schach spielen willst, brauchst du „Schach"-Figuren und nicht die von „Halma" oder „Mensch ärgere Dich nicht". Natürlich gibt es viele Menschen, die hoffen und glauben, sie wären gut genug für einen bestimmten Job. Aber irgendwann merken vielleicht beide Seiten, dass es nicht passt. Dann muss man sich auch mal trennen. Doch bei einem anderen „Spiel" wird diese Person möglicherweise höchst wertvoll sein. Deshalb: Jeder Mensch sollte seinen Platz in der Arbeit und im Leben finden, dann sind alle glücklich.

„… SAG DEN LEUTEN NICHT, WIE MAN EIN BOOT BAUT, SONDERN WIE SCHÖN DIE FREMDE INSEL IST, ZU DER SIE MIT DEM BOOT KOMMEN KÖNNEN."

Meine nach diesen Gesichtspunkten ausgesuchten Mitarbeiter möchte ich motivieren, ihnen behilflich sein, das gewünschte Leben zu leben. Dabei entsteht Energie. Diese Leute werden von mir gestreichelt und gepflegt. Zum Beispiel pflege ich seit langem den von uns so genannten Chef's Table: Mit jedem Mitarbeiter treffe ich mich reihum zum Essen in unserem Restaurant. Da hat jeder Einzelne die Gelegenheit, über alles zu sprechen, was ihn beschäftigt. Es gibt für beide Seiten die Möglichkeit, Lob, Kritik oder Verbesserungsvorschläge zu äußern - in einer angenehmen Situation. Wir reden auch über individuelle Perspektiven. Von diesem regelmäßigen Ritual abgesehen, bekommen meine Mitarbeiter auch professionelle Coachings für ihre Weiterentwicklung. Dabei werden die Köche zum Beispiel gefilmt, und sie sehen dann, wie sie nach außen wirken. Danach gehen die ganz anders, viel aufrechter!

Auch bei der „École Culinaire" ist das unser Ziel: Wir möchten den Köchen dort ein Bewusstsein für sich und ihre Arbeit nahebringen. Die Köche lernen, zu ihrem Produkt zu stehen. Sie lernen, mit den anderen zu kommunizieren. Das ist auch in der Küche ganz wichtig. Wenn etwas nicht funktioniert, muss man darüber reden, um es verbessern zu können. Mit unausgesprochenem Ärger im Bauch verpufft bei jedem eine Menge Energie. Energie, die man ja auch positiv nutzen kann. Wenn ich gerne arbeite, mit all meiner Energie, dann stehe ich eben auch mal zwölf Stunden in der Küche – freiwillig.

Heißt das: Wenn ich den Kontakt im Küchen-Team verbessere, dann läuft's auch in der Küche besser?

Ja. Das Wichtigste ist zunächst, die richtigen Leute auszusuchen. Dafür muss ich zuerst ein Profil definieren. Welche Eigenschaften muss eine Person in einer Führungsposition haben, zum Beispiel als Küchenchef? Die Fähigkeit, führen zu können, ist ganz wichtig. Früher wurde bei Köchen nicht darauf geachtet. Hatte einer ein Zeugnis als Koch, wurde er eingestellt. Dann war er plötzlich Küchenchef, ohne zu wissen wie er sein Team führen soll. Heute musst Du eben all das auch lernen: Teamfähigkeit, Kreativität, Freundlichkeit, Sparsamkeit und vor allem, wie man Menschen führt.

Da gibt's bei uns zum Beispiel einen Koch, der vorher in einem anderen bekannten Restaurant war. Als Mensch ging er dort unter. Ich habe aber das Feuer in ihm gespürt und ließ ihn mitlaufen im „First". Er war anfangs ganz verschlossen. Ich habe ihn herausgefordert, wollte von ihm richtig schöne „Pommes soufflées". Drei Tage hat er es probiert, drei Tage ist es nichts geworden. Aber er hat Kampfgeist entwickelt: An seinem freien Tag hat er sich eine Fritteuse und Kartoffeln gekauft, und am Abend schickte er mir eine SMS mit Fotoanhang: „Chef, Pommes soufflées in Ordnung!" Er ist innerhalb von wenigen Monaten ein offener, engagierter, kreativer, liebenswerter Mensch und Koch geworden. So etwas freut mich. Gib jedem seine Chance, zu seiner Zeit! Gib jedem die Möglichkeit, sich zu entfalten. Wenn du jedem seine Chance gibst, hast du Leute, die Spaß haben, dir in die Augen schauen und bereit sind zu kämpfen für die gemeinsame Idee.

Ist Teamwork ein Schlüsselwort beim Kochen?

Ja. Ich gehe sogar noch weiter: Kollektiver Erfolg entsteht durch Begeisterung und die richtigen Leute, die bereit sind, das zu tun, was es zu tun gibt. Alle mit einem Ziel. Es gibt diesen Satz: „Sag den Leuten nicht, wie man ein Boot baut, sondern wie schön die fremde Insel ist, zu der sie mit dem Boot kommen können."

Was ist Dein Ausgleich zum Kochen?

Bewegung, also Schwimmen, Radfahren, Gymnastik. Seitdem muss ich auch nicht mehr zur Massage. Ich schieße auch gerne, früher Bogenschießen, heute mit der Pistole. Wenn man sich aus 25 Metern Entfernung auf einen Punkt konzentriert, entspannt man sich, das ist wie Meditation.

III. GUTES WIRTSCHAFTEN

In der Spitzenküche gibt es normalerweise in einem Menü teure Proteine und dazu eine Gemüsegarnitur. Kann es eine mehr gemüseorientierte Spitzenküche geben? Oder bezahlt das niemand, weil kein Fleisch dabei ist?

Das Bewusstein dafür nimmt zu. Der berühmte 3-Sterne-Koch Alain Passard vom Restaurant „Arpège" in Paris verkauft eine spezielle Gemüseplatte für ungefähr 100 Euro. Ähnlich auch Thomas Keller vom „French Laundry" in San Francisco. Die haben sich das Image erarbeitet, dass solche Preise verlangt werden können. Ich dagegen muss nicht der Teuerste in Deutschland sein, aber ich möchte einen guten Durchschnittspreis erzielen. Dafür hat bei mir auch nicht jeder Gang Hummer und Kaviar. Deshalb freue ich mich zum Beispiel auch über den Erfolg der „Falschen Prinzregententorte", die aus wenigen preiswerten Produkten wie Champignons und Pfannkuchen besteht. Trotzdem ist sie ein „Signature Dish" geworden. Die größte gastronomische Leistung ist für mich, aus einfachsten Produkten mit dem geringsten Arbeitsaufwand etwas Großartiges, Kreatives zu machen. Dafür musst Du aber oft wochenlang an einem Gericht feilen. Wir arbeiten an einem einzigen Gericht zehn, fünfzehn Mal, bevor es auf die Karte kommt. Und danach arbeiten wir noch weiter dran.

Aber wie kann sich das rechnen, vor allem bei einem kleinen Restaurant? Es war doch auch für dich damals schwierig im „Schwarzwälder" …

Im „Schwarzwälder" gab es auch andere Gründe. Es gab keinen Parkplatz und keinen Garten – und der Münchner will eben beim ersten Sonnenstrahl draußen sitzen. Das Gebäude war auch logistisch schlecht, eine Küche im ersten Stock, eine im zweiten. Das ganze Haus war nicht renoviert und nicht zeitgemäß. Ich habe die Küche und die Klimaanlage selbst installieren lassen, die Elektrik musste geändert werden. Ich ahnte schon irgendwann, dass das Geld nicht herauskommt, das ich hineingesteckt habe. Irgendwann war dann Schluss.

„… DIE GRÖSSTE GASTRONOMISCHE LEISTUNG IST FÜR MICH, AUS EINFACHSTEN PRODUKTEN MIT DER WENIGSTEN ARBEIT ETWAS GROSSARTIGES, KREATIVES ZU MACHEN."

Heute würde dir das nicht mehr passieren?

Wenn du verliebt bist, musst du eben bestimmte Dinge tun … Aber heute bin ich gelassener. Heute würde ich es mir anschauen und sagen: Schön, aber ich muss es nicht mehr unbedingt haben. Doch ich bereue das „Schwarzwälder" überhaupt nicht, denn es hat mich dazu gebracht, in meiner Kategorie als Berater in der Gastronomie und Hotellerie auf sehr hohem Niveau zu arbeiten und mir einen Namen zu machen.

Franz Keller junior hat einmal gesagt: „Wir brauchen zu viel Personal, um gut zu kochen, wir brauchen zu teure Produkte und wir müssen den Platz, wo dieselben genossen werden, finanzieren. Das Lokal muss außergewöhnlich sein ... in der Stadt muss es ein bemerkenswertes Gebäude sein, auf dem Land muss es ein altes Château sein oder was weiß ich ... Im Grunde genommen passt das, was wir machen, nicht mehr in diese Welt, es ist zu aufwändig." Die Frage also: Wie kann ein Lokal auf hohem Niveau funktionieren?

Es wird immer möglich sein, zumindest in einem kleinen Bereich wenigen Leuten etwas Besonderes zu bieten – so wie wir es ja mit dem „181 First" machen. So, wie wir es angelegt haben, können wir damit auch Geld verdienen. Außerdem ist das Gourmet-Lokal im Gesamtkonzept des „181" ja auch ein Marketing-Tool, für Arena One, für die Gäste und für die Mitarbeiter. Denn ich erreiche natürlich mit einem Lokal auf diesem Niveau ganz andere Leute, die bei uns arbeiten wollen. Hochmotivierte Menschen nämlich. Denn in unserer Küche findet Entwicklung statt. Wir haben zwar für „First" und „Business" zwei Küchen, aber die arbeiten ja zusammen. Und dabei ist mir auch wichtig, dass jeder mal etwas ausprobieren kann.

Ist es also nicht so, dass mir das gute Restaurant nur den Namen gibt, ich aber das Geld anders verdienen muss?

Nein. Nimm die richtigen Leute, dann brauchst Du kein Schloss, keine gute Lage. Es sollte sogar eher möglichst versteckt sein. Damit nur die Leute kommen, die wirklich kommen wollen. Lass die Leute an der Tür klingeln. Dann bekommst du den Preis, den deine Küche wert ist, ohne schick sein zu müssen. Unsere Devise im „181" ist: Sehen, aber nicht gesehen werden - und dabei „privacy" und eine besondere Restaurantatmosphäre genießen können.

Wie ist das mit den Jungen Wilden, die ja sozusagen Deine Jungs waren? Sie sind fast alle revolutionär angetreten, aber stehen jetzt nicht mehr nur in ihrer Küche, sondern machen auch Fernsehen und vieles mehr ...

Nach 20 Jahren ist einer natürlich kein Junger Wilder mehr. Da ist der Begriff gar nicht mehr passend. Denen geht es langsam hoffentlich wie mir: Sie sind jung gebliebene Ältere geworden. Und heute macht eben jeder für sich das, was ihm am meisten bringt. Für den einen ist das Geld, für den anderen Spaß oder Kommunikation. Das ist unterschiedlich. Und der eine macht es radikal mit viel Ellenbogen, der andere anders. Sie sind alle erwachsen geworden, jeder auf seine Art. Das akzeptiere ich. Ein guter Gärtner gießt seine Pflanzen und ist einfach zufrieden mit dem, was rauskommt. Das lässt Vielfalt zu.

Haben die Jungen Wilden zu mehr qualitativ hochwertigen Restaurants geführt?

Sie haben zu ihrer Zeit jedenfalls einiges bewegt, aber es gibt natürlich noch viele andere junge aufstrebende Köche ...

Wie hat heute ein junger, engagierter Koch eine Chance, ein eigenes Restaurant zu führen? Kann man ihm raten: Koche, so gut du kannst, und dann zieh es durch?

Ja, aber lerne auch zu wirtschaften, zu rechnen, zu kontrollieren - in allen Bereichen. Wieviel kostet eine Minute eines Kochs? Wieviel kostet dieses Gericht? Was genau ist der Wareneinsatz? Außerdem muss der Koch sein Produkt auch verkaufen können. Er braucht Ambiente, vertrauenswürdige, kompetente Mitarbeiter. Er braucht jemanden für die Kommunikation, wenn er es nicht selbst übernimmt. Die Geschwindigkeit und Effizienz der Kommunikation hat sich verhundertfacht mit den neuen Medien. Früher gab's drei Sekretärinnen, heute macht man das nebenbei mit dem Laptop.

Danke für das Gespräch.

FIRST

DEM HIMMEL SO NAH:
ZUSAMMEN MIT KÜCHENCHEF JENS
HAEDICKE UND GANZ UND GAR UNGEWÖHN-
LICHEN KÜCHENHILFEN WIE EINER ANTIKEN
ENTENPRESSE - EINST EXKLUSIV IM EINSATZ
AUF EINEM ITALIENISCHEN KREUZFAHRT-
SCHIFF - KOCHT OTTO KOCH SO VOLLENDET,
DASS KEINE KULINARISCHEN WÜNSCHE OF-
FEN BLEIBEN. VORHANG AUF FÜR 21 KUNST-
VOLLE REZEPTE AUS DER FIRST CLASS.

JAKOBSMUSCHELN MIT KOKOS UND KRÄUTERRISOTTO

Für das Kokosgelee den Kokossaft und den Kokossirup mit dem Agar Agar vermischen und langsam unter ständigem Rühren aufkochen. Anschließend in ein mit Frischhaltefolie ausgelegtes Gefäß gießen, in dem die Flüssigkeit etwa 3 cm hoch steht. In den Kühlschrank stellen und etwa 6 Stunden kühlen lassen.

Den Reis mit den Schalotten in Butter glasig anschwitzen. Die Brühe und den Weißwein dazugießen. Unter ständigem Rühren bei geringer Hitze köcheln. Bei Bedarf noch etwas Flüssigkeit dazugeben. Der Reis sollte al dente sein und eine breiige Konsistenz haben. Mit Salz, Pfeffer und Parmesan abschmecken. Vor dem Anrichten die Kräuter unterheben.

Die Karotten auf etwa 6 cm kürzen (Karotte 5 cm, Grün 1 cm). Schälen und in Salzwasser bissfest blanchieren.

Die Jakobsmuscheln von jeder Seite ca. 1 Minute goldbraun braten, so dass sie innen noch glasig sind. Das Gelee mit einem Ausstecher (Muschelgröße) ausstechen und im Dampf erwärmen.

Kokosmilch aufkochen und mit Curry abschmecken. Schaumig aufmixen.

Pro Teller je 2 Muscheln und in der Mitte ein Gelee jeweils auf dem Risotto anrichten und mit Kokos-Curryschaum überziehen. Zuletzt jeweils eine Karotte obenauf legen.

Zutaten für 4 Personen

8 große Jakobsmuscheln

250 ml Saft von frischen Kokosnüssen

2 g Agar Agar

1 TL Kokossirup

12 Fingerkarotten mit Grün

100 g Arborio-Reis

20 g fein gehackte Schalotte

125 ml Fleischbrühe

125 ml trockener Weißwein

1/2 EL Parmesan, frisch gerieben

3 EL Kräuter (Petersilie, Basilikum, Kerbel), fein gehackt

100 ml Kokosmilch, ungesüßt

1 Msp Currypulver

KAVIAR IN SEINER
SCHÖNSTEN FORM

Zutaten für 4 Personen

80 g Imperial-Kaviar
oder schöner Zuchtkaviar

40 g Saiblingskaviar

4 Blatt Brickteig

40 g Crème fraîche

8 Stängel Schnittlauch

Salz, weißer Pfeffer

1 Schmetterlingsschablone

(ca. 15 cm Durchmesser)

Mit der Schablone vier Schmetterlinge aus dem Brickteig herausschneiden und in eine rinnenförmige Backform legen, mit Backfolie beschweren und bei 220°C ca. 5-6 Minuten backen. Anschließend abkühlen lassen. Die Schmetterlinge vorsichtig aus der Form nehmen und mit etwas eingekochtem Kaffee als Farbe bemalen. Crème fraîche mit Salz und Pfeffer abschmecken.

Den Schmetterling auf einen Teller legen, Crème fraîche mit einem Spritzbeutel als Kopf auf den Teller spritzen.

Den Imperial-Kaviar als Nocke für den Körper und den Saiblingskaviar als Schwanz anrichten. Die Schnittlauchspitzen als Fühler in die Crème fraîche stecken.

TATAR VON BIOLACHS MIT SAUERRAHMGURKE UND SAIBLINGSKAVIAR

Die Kartoffeln schälen und mit einem Gemüsehobel in lange Spagetti schneiden. Die Kartoffelspagetti auf einen gefetteten Ring (10 cm Durchmesser) gleichmäßig nebeneinander aufwickeln und in tiefem Fett goldgelb ausbacken. Nach dem Auskühlen den Kartoffelring vorsichtig vom Ring herunterziehen.

Crème fraîche und Sauerrahm mit Salz, Pfeffer und etwas Limettensaft in einer Schüssel verrühren, dann in einen Spritzsack füllen.

Den Lachs mit etwas Olivenöl, Salz, Pfeffer und etwas Limettensaft marinieren. Die Gurke mit etwas Sauerrahm, Salz, Pfeffer marinieren. Beide Komponenten in einem Ausstecher übereinander anrichten. Vorher außerdem mit dem Spritzsack gleichmäßig große Punkte mit Crème fraîche spritzen und den Kaviar obenauf legen. Auf den Gurken ebenfalls noch ein wenig Kaviar anrichten.

Zutaten für 4 Personen

80 g Biolachs, fein gewürfelt

80 g Salatgurke, fein gewürfelt

2 EL Crème fraîche

2 EL Sauerrahm

2 EL Saiblingskaviar

Olivenöl, Limettensaft, Salz, Pfeffer, Dill

4 größere Kartoffeln

Frittieröl

KAVIARPERLE

Die Gelatine in kaltem Wasser aufweichen und anschließend im warmen Fischfond auflösen. Den Fischfond in die Halbkugeln gießen und auf Eis legen. Wenn die Gelatine sich ein wenig gefestigt hat, wird der noch flüssige Fischfond wieder abgegossen, so dass nur eine dünne Schicht in dem Hohlkörper zurückbleibt. Die Hälften mit dem Kaviar füllen und mit dem übrig gebliebenen Fischfond die Halbkugeln bedecken, so dass keine Luft an den Kaviar kommen kann.

Die Halbkugeln über Nacht im Kühlschrank ruhen lassen, damit die Gelatine sich setzen kann.

Am nächsten Tag die Hohlkörper kurz in ein warmes Wasserbad geben, bis sich die Halbkugeln aus der Form lösen. Mit einem heißen Messer über die flache Stelle der Halbkugel streichen und anschließend sofort mit der anderen Hälfte der Kugel zusammensetzen.

Die Kugeln noch einmal für 1 Stunde kühlen und auf Crash-Eis mit ein wenig Crème fraîche servieren.

Zutaten für 10 Perlen

100 g Kaviar

100 ml klarer Fischfond

2 Blatt Gelatine

Plastik-Hohlkörper für Pralinen

für 20 Halbkugeln,

Durchmesser 2,5 cm

VARIATION VON DER JAKOBSMUSCHEL MIT TRÜFFEL

Von 4 Jakobsmuscheln das Corail und den Muskel entfernen. Bei den restlichen nur den Muskel entfernen. Muscheln mit Corail und den abgelösten Corail in einer Küchenmaschine mit der Sahne zu einer homogenen Masse mixen und in ein Gefäß ca. 4 cm hoch einfüllen. Das Ganze im Wasserbad bei 75°C stocken lassen. Im Kühlschrank anschließend abkühlen lassen.

Die geputzten Jakobsmuscheln in jeweils 3 gleichmäßige Scheiben schneiden und ausstechen (Durchmesser ca. 3 cm). Abwechselnd mit Trüffelscheiben wieder zusammensetzen.

Den abgekühlten Flan ebenfalls in 3 cm große Scheiben ausstechen. Die Flüssigkeiten zu einer Vinaigrette vermischen, mit Salz und Pfeffer abschmecken und die Selleriewürfel dazugeben.

Muscheln und Flan auf einem Teller anrichten, Trüffelsauce und Vinaigrette rundherum träufeln und den Tobiko auf den Flan geben.

Zutaten für 4 Personen

8 frisch ausgelöste Jakobsmuscheln
mit Corail (Rogen)
4 EL fein gewürfelte Staudensellerie
4 EL Trüffelsauce
(siehe Grundrezepte)
12 Scheiben Perigord-Trüffel
(1 mm dick)
1 EL orangefarbener Tobiko
(Fischeier von fliegenden Fischen, im
Asia-Shop oder beim Fischhändler)

6 EL Olivenöl
1 EL Pfirsichessig
Saft von 1 Passionsfrucht
Saft von 1 Grenadilla
(ähnlich wie Passionsfrucht)
100 ml Sahne
Salz, Pfeffer

UNSERE
GÄNSELEBERKIRSCHEN

Zutaten für 4 Personen

120 g marinierte, gegarte
Gänsestopfleber (Terrine)
500 ml Kirschsaft
500 ml Kalbsjus
100 ml roter Portwein
100 ml Madeira
10 Blatt Gelatine
2 Lorbeerblätter
40 ml Kirschwasser
4 Minzblätter
Zweige für die Stiele
(Birke oder ähnliches)
Salz, Pfeffer

Die Gänseleber zu 8 gleich großen Kugeln formen und die sauberen Zweige als Stiele in die Kugeln stecken. Anschließend kaltstellen.

Kirschsaft auf etwa 200 ml einkochen. Kalbsjus, Madeira und Portwein ebenfalls auf 200 ml einkochen. 10 Blatt Gelatine in Wasser einweichen und zu den Flüssigkeiten geben. Mit Salz und Pfeffer würzen und das Kirschwasser in die Kirschreduktion geben. Beide Flüssigkeiten kühlstellen, bis sie zähflüssig geworden sind. Nun die Gänseleberkugeln zuerst in das Kirschgelee tauchen und auf einem Gitter abtropfen lassen. Das Ganze noch zweimal wiederholen und fest werden lassen. Dann die Kugeln zweimal in Kalbsgelee tauchen, jeweils abtropfen und abkühlen lassen.

Die fertigen „Kirschen" an den Stielenden mit etwas Alufolie zusammenbinden und ein Minzblatt befestigen.

STEINPILZSUPPE MIT FRISCHEM MOOSSCHAUM UND KLEINEM HIRSCHPFLANZERL

Zutaten für 4 Personen

Steinpilzsuppe

500 g geputzte Steinpilze
5 Schalotten
1 Knoblauchzehe
1 EL Butter
750 ml Geflügelfond
250ml Sahne
Salz, Pfeffer

Moosschaum

1 kg frisches Moos (aus dem Wald oder vom Gärtner)
2 Schalotten
1 Knoblauchzehe
500 ml Gemüsebrühe
1/2 TL Lecithin
1 EL Butter

Pflanzerl

200 g Hirschrücken, pariert
1 Schalotte
Salz, Pfeffer
frisch gemahlener Wacholder
etwas Zitronen- und Orangenabrieb
1 TL Butter

Die Steinpilze mit den klein geschnittenen Schalotten und dem Knoblauch mit der Butter in einem Topf anschwitzen, die Brühe dazugeben und etwa 20 Minuten köcheln lassen. Die Sahne dazugeben, aufkochen lassen, mit einem Pürierstab fein mixen und durch ein Sieb passieren. Mit Salz und Pfeffer würzen.

Das Moos mit einer Schere von den Wurzeln trennen, in reichlich Wasser waschen und gut abtropfen lassen. Das Moos mit Schalotten, Knoblauch und der Butter in einem Topf anschwitzen, die Brühe dazugeben und ca. 15 Minuten köcheln lassen. Mit Salz und Pfeffer abschmecken, mit einem Pürierstab fein mixen und durch ein feines Sieb passieren. Zuletzt das Lecithin hinein mixen, so dass ein luftiger großporiger Schaum entsteht.

Das Fleisch zu feinem Tatar hacken, die feinst gewürfelte Schalotte dazugeben, mit Salz, Pfeffer, Wacholder und dem Zitronen- und Orangenabrieb würzen und gut miteinander vermengen. 4 gleichgroße Pflanzerl formen und von jeder Seite etwa 1 Minute bei sanfter Hitze anbraten.

GÄNSELEBER
MIT WEISSEN ZWIEBELN
UND TRÜFFEL

Die Zwiebeln mit je 2 EL Olivenöl in Alufolie wickeln und im Ofen bei 165°C ca. 45 Minuten backen. Anschließend etwas abkühlen lassen, aus der Schale drücken und in etwa 5 mm große Würfel schneiden. Vor dem Anrichten die Zwiebeln in Butter anschwitzen und mit Salz und Pfeffer würzen.

Den Kalbsfond um die Hälfte einkochen und die Butter einschlagen. Mit einem Schuss Madeira würzen und abschmecken. Vor dem Anrichten die Trüffelwürfel in Butter anschwitzen und in die Sauce rühren.

Die Gänseleber in einer Pfanne bei mittlerer Hitze etwa 1 Minute auf jeder Seite goldbraun braten, mit Salz und Pfeffer würzen und auf den Zwiebeln anrichten. Die Sauce rundherum anrichten, mit Trüffelscheiben und Kerbel vollenden.

Zutaten für 4 Personen

4 Scheiben Gänseleber à 50g

8 EL Olivenöl

4 mittelgroße weiße Zwiebeln

4 Scheiben schwarzer Trüffel

250 ml brauner Kalbsfond

60 g Butter

Madeira

4 TL schwarzer Trüffel, gewürfelt

Salz, Pfeffer, Kerbel

HAXE VON DER KÖNIGSKRABBE MIT GURKENGELEE

Die Krabbenbeine mit einer Schere in einzelne Segmente zerteilen, aufschneiden und das Fleisch vorsichtig herauslösen. Eines von den dickeren Stücken in Frischhaltefolie wickeln und etwa 10 Minuten bei 70°C pochieren. Danach wieder auspacken, in frischer Butter vorsichtig nachbraten und anschließend in die zurechtgeschnittene Crêpe exakt einrollen.

Das restliche Krabbenfleisch ca. 4 Minuten im Fischfond dünsten, herausnehmen und fein hacken.

Den Fond passieren, 2 Blatt Gelatine darin auflösen und mit dem gehackten Krabbenfleisch und Gurke vermischen. Mit Salz und Pfeffer abschmecken und im Kühlschrank fest werden lassen. Die Farce dann circa 1 cm hoch gleichmäßig auf einer Frischhaltefolie aufstreichen und das in die Crêpe eingepackte Krabbenfleisch darin einrollen, mit Alufolie fixieren und kalt stellen.

Crème fraîche mit den ausgekratzten Fingerlimes, Salz, Pfeffer und einem eingeweichten Blatt Gelatine vermischen, in einen Spritzbeutel füllen und kurz kaltstellen.

Den Gurkensaft mit Salz und Pfeffer abschmecken und mit 2 eingeweichten Gelatineblättern vermischen. In ein passendes Gefäß ca. 4 mm hoch einfüllen und kaltstellen.

Das Gurkengelee ausstechen (ca. 8 cm Durchmesser) und mittig auf einem größeren Teller anrichten. Crème fraîche außen herum garnieren und die „Haxe" auf das Gurkengelee setzen.

Zutaten für 4 Personen

2 Beine von der Königskrabbe
(frisch oder tiefgekühlt beim
Fischhändler)
1 dünne Crêpe
(ca. 15 cm Durchmesser)
2 EL kleine Gurkenwürfel
100 ml Gurkensaft
5 Blatt Gelatine
4 EL Crème fraîche
2 Fingerlimes (exotische Frucht mit
knackigen Fruchtperlen mit Zitronen-
geschmack
100 ml Fischfond
1 EL Butter
Salz, Pfeffer

Frühlingsrollen von der Enten-
blutwurst mit Krautsalat

200 g feine Blutwurst ohne Haut
10 Blatt Frühlingsrollenteig
150 g sehr fein geschnittenes
Weißkraut
Essig, Öl, Salz, Pfeffer

(Da Entenblutwurst sehr schwer zu bekommen ist, kann man sich auch mit einer frischen, guten Metzgerblutwurst begnügen.)

Die Blutwurst in Frühlingsrollenteig einwickeln und ausbacken. Das fein geschnittene Weißkraut mit Essig, Öl, Salz und Pfeffer abschmecken und darauf die Frühlingsrollen anrichten.

Andouillette mit Kartoffelpüree
2 Würste pro Person
(als Zwischengericht)
100 g fein geschnittene Schalotten
50 g Butter
1 EL Dijon-Senf
500 ml   kräftiger trockener Rotwein
500 ml Kalbsfond
Kartoffelpüree

(Andouillette ist eine klassische Innereienwurst der französischen Metzger. Man sollte gerade da den besten Lieferanten aussuchen.)

Die Schalotten in Butter anschwitzen und die Würste zugeben und mitbraten. Senf zugeben und mit Rotwein und Kalbsfond auffüllen. Abgedeckt leicht köcheln lassen – etwa 1 1/2–2 Stunden. Zwischendurch mit Salz und Pfeffer würzen. Zum Schluss sollte die Sauce schön eingekocht sein. Aufschneiden, Kartoffelpüree auf den Teller geben und mit der aufgemixten Rotwein-Senf-Sauce servieren.

KLEINE SCHWEINEREIEN FÜR LIEBHABER

Die Schalotten und den Knoblauch in etwas Sonnenblumenöl anschwitzen. Die Kutteln in dünne Streifen geschnitten dazugeben und ebenfalls anschwitzen. Mit dem Fond und der Kokosmilch auffüllen. Bouquet garni, Kafirblätter und Zitronengras im Ganzen sowie die Thai-Currypaste zugeben und etwas 2-3 Stunden sachte mitkochen lassen.

Zwischendurch mit Salz abschmecken. Wenn die Kutteln weich sind, das Bouquet garni, die Blätter und das Zitronengras herausnehmen, abpassieren und den Fond mit Mehlbutter so dick binden, dass er eine saucenartige Konsistenz hat, aufmixen und anschließend wieder mit den Kutteln vermischen. Alles zusammen nochmals aufkochen.

Nach Geschmack vielleicht noch etwas Schärfe (Paste) zugeben. Mit dem gekochten Basmatireis anrichten.

Zutaten für 4 Personen
Lammkutteln

500 g Lammkutteln, gewaschen
und geputzt
5 Schalotten, in Scheiben geschnitten
1 Bouquet garni
500 ml Kokosmilch
1 1/2 EL rote Thai-Currypaste
2 l Lamm- oder Kalbsfond
Salz
2 Zitronengrasstängel
3 Kafirblätter
2 Knoblauchzehen, in Scheiben
geschnitten
1 EL Mehlbutter
200 g thailändischer Duftreis
Sonnenblumenöl

Die Hahnenkämme im kochenden Salzwasser für 1 Minute blanchieren. In Eiswasser abschrecken. Mit einem Tuch die Haut abrubbeln. Anschließend die gesäuberten Hahnenkämme in Salzwasser mit Bouquet garni weichkochen. Abkühlen lassen, Hahnenkämme in 0,5 cm große Würfel schneiden, mit etwas braunem Fond vermischen und aufkochen. Im fast kalten Zustand kleine Kugeln formen und panieren. In einer heißen Fritteuse goldgelb ausbacken.

Die Pellkartoffeln in dünne Scheiben schneiden und in Butter braten, mit Salz und Pfeffer würzen. Mit den Hahnenkämmen und etwas eingekochtem braunem Kalbsfond servieren.

Hahnenkämme

300 g Hahnenkämme, roh
(beim Metzger auf Vorbestellung)
1 Bouquet garni
200 ml brauner Kalbsfond
Mehl, Eigelb und Paniermehl
2 Pellkartoffeln, geschält und in
Scheiben geschnitten
etwas Butter, Salz, Pfeffer

STEINBUTT MIT HUMMER AUF ZWEIERLEI PAPRIKA

Zutaten für 4 Personen

4 Tranchen Steinbutt à 80 g
2 Hummerschwänze roh, ausgelöst
Meersalz, etwas Limettenabrieb

Kartoffel-Sellerie-Püree

300 g mehlig kochende Kartoffeln
Salz, Pfeffer, Muskatnuss
75 ml warme Milch
50 g zerlassene Butter
1/2 mittelgroße Sellerieknolle
300 ml Sahne
Salz, Pfeffer

Paprikasauce

2 rote Paprika
2 gelbe Paprika

24 Bohnenkerne (Saubohnen),
geschält

Die Kartoffeln schälen, in Salzwasser kochen und das Wasser anschließend abschütten. Etwas ausdampfen lassen und die noch heißen Kartoffeln durch eine Kartoffelpresse drücken. Die warme Milch nach und nach zugeben und die zerlassene Butter unterrühren. Mit Salz, Pfeffer und frisch geriebener Muskatnuss abschmecken.

Den Sellerie schälen, in Würfel schneiden und in der Sahne weichkochen. Den weichen Sellerie mit einer Schaumkelle in eine Küchenmaschine geben und zu einem Püree mixen. Bei Bedarf etwas Sahne zugeben. Mit Salz und Pfeffer abschmecken.

Die Kerngehäuse aus den Paprikaschoten entfernen und rote wie gelbe Paprika getrennt in den Entsafter geben. Beide Säfte, jeweils getrennt, zu Sirup einkochen lassen.

Den Steinbutt bei leichter Hitze auf jeder Seite etwa 1-2 Minuten in Butter anbraten. Die beiden ausgelösten Hummerschwänze in Scheiben schneiden und schuppenförmig auf den Steinbutt legen. Etwas mit Limettenabrieb und Meersalz würzen und bei Oberhitze leicht erwärmen.

Paprikasirup im Wechsel rot und gelb mittig auf den Teller pinseln. Die Pürees im Verhältnis 1:1 mischen und mit einem Spritzbeutel links und rechts aufspritzen.

Die Bohnenkerne in etwas Butter erhitzen und auf dem Püree anrichten. Zum Schluss den Steinbutt auf die Paprikasirupstreifen anrichten.

VARIATION VON FÜNFERLEI STEIN

Zutaten für 4 Personen

4 Tranchen Steinbutt à 70 g

4 mittlere, feste Steinpilze

4 flache Steine
(aus dem Flussbett gesammelt)

8 kleine festkochende Kartoffeln,
gekocht und geschält

4 violette Kartoffeln,
gekocht und geschält

200 ml Fischsauce

2 EL gehackte Kräuter (Petersilie,
Kerbel, Basilikum)

4 Kapuzinerkresseblüten

1 EL Butter

Salz, Pfeffer

Die Steinpilze mit einer Pilzbürste oder einem Tuch von Schmutz befreien, der Länge nach halbieren und in etwa 2 mm dicke Scheiben schneiden. Diese Scheiben dann schuppenartig auf die Steinbutttranchen legen. Die Kartoffeln in Butter goldgelb anbraten. Den Steinbutt in einer beschichteten Pfanne erst auf der „Pilzseite" goldgelb in Butter anbraten, vorsichtig wenden und auf der „Fleischseite" noch etwa 1-2 Minuten langsam nachbraten.

Die Kräuter in die kochende Fischsauce mixen. Den heißen Stein auf den Teller legen. Die Fischsauce davor anrichten, den Steinbutt auf den Stein platzieren, die Kartoffeln neben dem Stein als viele kleine runde Steine auslegen und mit der Kapuzinerkresseblüte garnieren.

Als fünftes Steinelement einen Würzburger Stein Weißburgunder Großes Gewächs dazu servieren.

FILET VOM ST. PIERRE MIT SEEIGELSAUCE

Spargel und Kohlrabi in gleich große Stücke schneiden und nacheinander bissfest in Salzwasser blanchieren.

Die St.-Pierre-Filets in heißer Butter von jeder Seite 1 Minute vorsichtig braten, mit Salz und Pfeffer würzen.

Das Seeigelcorail in die heiße Sauce mit einem Schneebesen einrühren. Das Gemüse in schäumender Butter anschwenken und mit Salz und Pfeffer würzen.

Die Filets auf das mittig angerichtete Gemüse setzen und das Corail in der Sauce um das Gemüse herumgeben.

Zutaten für 4 Personen

4 Filets vom St. Pierre à 80 g

4 Stangen grüner Spargel

1 großer Kohlrabi

2 Tomaten, enthäutet, entkernt und in

Würfel geschnitten

4 EL in kleine Stücke geschnittene

grüne Bohnen, blanchiert

2 EL Butter

Salz, Pfeffer

200 ml Fischsauce

(siehe Grundrezepte)

1 EL Seeigelcorail (Rogen), frisch

(alternativ auch als Tiefkühlprodukt)

OSSOBUCCO VOM REH MIT APFEL-PREISELBEER-SAUCE

Die Haxerlscheiben mit Butterschmalz in einem Bräter von allen Seiten anbraten, herausnehmen und beiseitestellen. Das Röstgemüse ebenfalls im Bräter anrösten, ebenso das Tomatenmark dazugeben und kurz anrösten. Mit dem Rotwein ablöschen, den Wildfond aufgießen, die Gewürze hinzufügen und die Haxerl wieder in den Bräter geben. Alles zugedeckt bei 165°C im Rohr etwa 2-3 Stunden weichschmoren. Nach dem Schmoren die Haxerl vorsichtig herausnehmen. Die Sauce etwa um die Hälfte einkochen lassen, mit Salz und Pfeffer abschmecken und durch ein feines Sieb passieren. Die Preiselbeeren, die Äpfel und die Haxerl in die Sauce geben und warmstellen.

Die Pfifferlinge in heißer Butter kurz ansautieren, mit Salz und Pfeffer würzen und zuletzt die Petersilie dazugeben.

Die Haxerlscheiben anrichten, reichlich Sauce darübergeben und mit den Pifferlingen garnieren.

Als Beilage cremige Polenta.

Zutaten für 4 Personen

8 Rehhaxerlscheiben (ca. 5 cm dick)

1 Flasche kräftiger Rotwein

2 l Wildfond

2 EL Sellerie, in etwa 2 cm große Würfel geschnitten

2 EL Karotte, in etwa 2 cm große Würfel geschnitten

3 EL Zwiebel, in etwa 2 cm große Würfel geschnitten

1 TL Wacholderbeeren

1 TL weiße Pfefferkörner

2 EL Tomatenmark

1 TL Piment

8 Lorbeerblätter

1 Sternanis

1 TL gedörrte Äpfel, fein gewürfelt

1 EL Preiselbeeren

1 EL Butterschmalz

1 EL Butter

1 EL Tomatenmark

Salz, Pfeffer

4 EL geputzte Pfifferlinge

1 TL gehackte Petersilie

4 EL fertig gekochte Polenta

LAMM IN
CAESAR SALAD

Zutaten für 4 Personen

4 Milchlammrücken à 80 g

2 Scheiben Tramezzinibrot

3 EL Kalbs- oder Lammbrät

1 EL fein gewürfelte Sardellenfilets

1 EL grob geriebener Parmesan

1 fein gehackte Knoblauchzehe

8 äußere Blätter vom
Mini-Romanasalat

150 g Pastinaken, geschält
und grob gewürfelt

100 ml Sahne

200 g Rosenkohl, geputzt
und fein gewürfelt

1 TL fein gewürfelte Schalotten

4 Scheiben Speck

Salz, Pfeffer

Das Brät mit Sardellen und Parmesan vermischen. Den Romanasalat kurz (etwa 30 Sekunden) dämpfen und danach trocken tupfen. Die Salatblätter gleichmäßig dünn mit dem Brät bestreichen und das Lamm darin einwickeln. Das Brot ebenfalls mit Brät einstreichen und das „Lamm-Salatpaket" in das Brot einwickeln. Nachdem das Lammpaket in heißem Butterschmalz knusprig gebraten wurde, noch ca. 12 Minuten bei 165°C im Ofen garen.

Die Pastinaken mit der Sahne weichkochen und anschließend pürieren. Mit Salz und Pfeffer abschmecken. Den Rosenkohl mit den Schalotten in etwas Butter anschwitzen, weichdünsten und würzen.

Die Speckscheiben im Ofen knusprig braten.

Das Lamm noch etwa 1-2 Minuten ruhen lassen und diagonal halbieren. Eine Hälfte mittig auf dem Teller anrichten. Vom Püree jeweils eine Nocke anrichten, den Rosenkohl in den gebackenen Speckring einfüllen.

OCHSENBACKERL VOM WAGYU-BEEF MIT ARTISCHOCKENPÜREE

Das Ochsenbackerl sauber parieren und in heißem Butterschmalz von beiden Seiten kräftig anbraten. Das Fleisch beiseitelegen und das in walnussgroße Würfel geschnittene Gemüse ebenfalls im gleichen Gefäß anrösten, das Tomatenmark dazugeben und mitrösten. Mit dem Rotwein ablöschen und mit der Fleischbrühe auffüllen. Das Fleisch und die Gewürze dazugeben und zugedeckt etwa 3-4 Stunden bei 165°C im Rohr schmoren.

Für das Artischockenpüree alle Zutaten in der Butter anschwitzen, mit Milch und Geflügelfond aufgießen und etwa 20 Minuten bei kleiner Hitze weichköcheln lassen. Die Lorbeerblätter entfernen und alles fein pürieren. Mit Salz, Pfeffer und Limettensaft abschmecken.

Die Navetten in kochendem Salzwasser weichblanchieren und anschließend die Schale entfernen.

Das weichgeschmorte Fleisch aus dem Fond nehmen und abgedeckt an einem warmen Ort stehen lassen. Den Fond etwa um die Hälfte einkochen lassen und durch ein feines Sieb passieren. Mit Salz und Pfeffer abschmecken und das Fleisch wieder in der Sauce erwärmen.
Die Navetten in etwas Butter anschwitzen.

Eine Nocke Artischockenpüree auf dem Teller anrichten, zwei Scheiben Fleisch danebenlegen und mit der Sauce reichlich überziehen. Zuletzt die Navetten am Fleisch anrichten.

Zutaten für 4 Personen

Ochsenbackerl

1 kg Ochsenbackerl vom Wagyu-Beef

1 Bund Suppengrün

1 große Zwiebel

2 l Rotwein

2 l kräftige Fleischbrühe

3 EL Tomatenmark

Salz, Pfeffer

6 Lorbeerblätter

1 Knolle Knoblauch

1/2 Bund Thymian

1/2 Bund Rosmarin

1 Sternanis

6 Wacholderbeeren

1 TL Piment

2 EL Butterschmalz

Artischockenpüree

25 g Butter

75 g Zwiebelwürfel

4 g geschälter Knoblauch

1 g Thymian

2 Lorbeerblätter

250 g Artischockenwürfel

100 ml Milch

100 ml Geflügelfond

Limettensaft

8 Mini-Navetten

Salz, Pfeffer

BRESSE-TAUBE IM BLÄTTERTEIG NACH PAUL HAEBERLIN

Je eine Taubenbrust, eine Gänseleberscheibe und eine Trüffelschei-be übereinander schichten und fest in das Wirsingblatt einrollen. Mit Frischhaltefolie und Alufolie fixieren, dann etwa 30 Minuten kaltstellen.

Den Blätterteig 2 mm dick ausrollen und das Wirsingpackerl möglichst ohne Luftblasen darin einwickeln. Den Blätterteig an den Rändern zu-sammendrücken und mit Eigelb bestreichen.

Im vorgeheizten Backofen (Umluft) 8 Minuten bei 215°C und weitere 8 Minuten bei 185°C backen, kurz ruhen lassen und danach diagonal halbieren.

Mit der Trüffelsauce auf dem Teller anrichten.

Zutaten für 4 Personen

4 Taubenbrüste aus
der Bresse à ca. 80 g
2 Platten Blätterteig
4 große blanchierte Wirsingblätter
4 Scheiben Gänsestopfleber
(1 cm dick, von gleicher Größe
wie die Taubenbrust)
4 Scheiben Perigord-Trüffel
(ca. 1 mm dick)
1 Eigelb
8 EL Trüffelsauce (siehe Grundrezepte)
Salz, Pfeffer

ENTE IN DER LUFT TRANCHIERT MIT POMMES SOUFFLÉES

Die Ente mit einem Küchengarn in Form binden und für 3 Stunden im Rohr bei 65°C garen.

Die Kartoffeln schälen und mit der Aufschnittmaschine in ca. 2 mm dicke Scheiben schneiden. Die Scheiben in ca. 4 x 3 cm große Stücke schneiden, die Ecken kurz abschneiden und etwa 10 Stück gleichzeitig in 130°C heißes Fett geben. Für 4 Minuten unter leichtem Rühren darin frittieren, herausnehmen und für etwa 20 Sekunden in das 190°C heiße Fett geben. Ebenfalls rühren, bis die Kartoffeln soufflieren (es bildet sich ein Kartoffelkissen, welches mit Luft gefüllt ist), herausnehmen und auf einem Küchentuch abtropfen lassen. Kurz vor dem Servieren nochmals in das 190°C heiße Fett geben und soufflieren lassen.

Die Ente jetzt für 6 Minuten in das auf 225°C vorgeheizte Rohr geben. Diese nun in dünne Scheiben schneiden und auf eine vorgewärmte Platte legen, die Karkassen halbieren und in einer Entenpresse auspressen. Das Blut auffangen und in die Entensauce rühren. Mit Salz und Pfeffer abschmecken und die kochende Sauce über die Ententranchen verteilen.

Die Scheiben auf vorgewärmten Tellern anrichten und die restliche Sauce darüber verteilen. Die Pommes soufflées à part in einem Schälchen servieren. Eventuell noch glaciertes, feines kleines Gemüse dazu servieren.

Zutaten für 4 Personen

1 Barbarie Ente, ausgenommen, ca. 1,8 kg

300 ml Entensauce

4 große Kartoffeln, mehlig kochend

1 l Pflanzenfett, ca. 130°C heiß

1 l Pflanzenfett, ca. 190°C heiß

Salz, Pfeffer

In der Luft tranchiert, in besonders dünne Scheiben geschnitten.

ARGANÖL-MANGO-GELEE MIT THAI-MANGO, KOKOSSOUFFLÉ UND STEINKLOTZ

Die Kuvertüre und das Nougat im Wasserbad schmelzen, den Waffelbruch vorsichtig unterheben und alles auf Backpapier 3 mm dick verstreichen. Nachdem die Nougatblätter fest geworden sind, in 3 x 9 cm große Stücke schneiden.

Glukose, Puderzucker, Isomalt, Mangopüree und die ausgekratzte Vanilleschote in einen Thermomix geben und auf Stufe drei 13 Minuten auf 90°C laufen lassen. Anschließend das Agar Agar zugeben und die Masse 3 Minuten auf 100°C kochen. Bevor die Gelatine zugegeben wird, muss das Mangogelee im Thermomix auf 37° C abgekühlt werden. Zum Schluss wird das Arganöl langsam zugegeben. Sobald sich eine homogene Masse gebildet hat, kann das Gelee auf ein Blech gegossen und ca. 4 mm dick verstrichen werden. Anschließend abdecken und auskühlen lassen.
Das Gelee ebenfalls in 3 x 9 cm große Stücke schneiden.

Zucker, Glukose und Wasser zu Karamell kochen. Butter und Kuvertüre zugeben, zu einer homogenen Masse verrühren und anschließend erkalten lassen.
Im Ofen schmelzen, dünn ausrollen und in 3 x 9 cm große Stücke schneiden.

Eigelb schaumig schlagen, in der Zwischenzeit die Kuvertüre schmelzen. Das Eiweiß ebenfalls aufschlagen. Die Kuvertüre unter das Eigelb rühren, Sahne und Eiweiß unterheben. Kühlstellen.

Mangos schälen und Kugeln mit einem Durchmesser von 1 cm ausstechen.

Eiweiß mit Zucker aufschlagen, Malibu und Kokossirup unterrühren, in eine gefettete, gezuckerte Espressotasse füllen und bei 200°C Ober-/Unterhitze ca. 9 Minuten backen

Zucker und Glukose zu Karamell kochen, anschließend den Sesam unterrühren. Die Masse erkalten lassen und im Thermomix pulverisieren.

Eigelb und Zucker warm, dann kalt schlagen. In der Zwischenzeit die Gelatine einweichen. In die aufgeschlagenen Eigelbe wird erst die aufgelöste Gelatine gegeben und anschließend die geschlagene Sahne untergehoben. Zum Schluss das Sesamkrokant beigeben.
Die Parfaitmasse in eine Form geben und frieren. Nach dem Frieren das Parfait in 3 x 6 cm große „Steine" schneiden.

Auf einem länglichen Teller auf der linken Seite die Nougatblätter platzieren. Darauf werden erst das Mango-Arganöl-Gelee und anschließend ein Krokantblatt angerichtet. In die Mitte des Krokantblattes eine Linie Schokomousse mit einem Spritzsack dressieren. Rechts und links vom Schokomousse die Mangoperlen anlegen und ein weiteres Krokantblatt obenauf legen. Auf die rechte Seite des Tellers nun den gefrorenen Steinklotz platzieren. Zuletzt in die Mitte des Tellers das mit Puderzucker bestreute Soufflé stellen.

Zutaten für 4 Personen

Knusprige Nougatblätter
100 g Nougat
40 g Waffelbruch
10 g dunkle Kuvertüre

Arganöl- Mango-Gelee
12,5 g Glukose
40 g Puderzucker
50 g Mangopüree
50 g Isomalt
1 Vanilleschote
2 g Agar Agar
3 Blatt Gelatine
50 g Arganöl

Krokantblätter
60 g Zucker
35 g Glukose
25 ml Wasser
12 g Butter
12 g Guanaja-Kuvertüre 70%

Schokoladenmousse
25 g Eigelb
20 g Eiweiß
35 g Kuvertüre 64%
20 g Sahne

Mangoperlen
2 Thai-Mangos

Kokossoufflé
3 Eiweiß
1 EL Zucker
3 EL Malibu (Kokoslikör)
1EL Kokossirup

Sesamkrokant
100 g Zucker
80g Glukose
200 g schwarzer Sesam

Gefrorener Steinklotz
30 g Eigelb
30 g Zucker
1 Blatt Gelatine
100 g Sahne
50 g Sesamkrokant

Anrichten

Zutaten für 4 Personen

Waldmeistermousse
100 ml Waldmeistersirup
1 Blatt Gelatine
20 ml Joghurt
50 ml Sahne

Sprühschokolade
100 g weiße Schokolade
100 g Kakaobutter

Den wenn möglich mit frischem Waldmeister selbst angesetzten Waldmeistersirup mit der aufgelösten Gelatine aufschlagen, anschließend den Joghurt und die Sahne unterheben. Die Waldmeistermousse in Halbkugelformen mit ca. 3 cm Durchmesser füllen. Die Halbkugeln einfrieren und im gefrorenen Zustand immer zwei zu einer Kugel zusammensetzen. Für die Sprühschokolade die weiße Schokolade und die Kakaobutter im Wasserbad schmelzen, in ein spezielles Schokosprühgerät füllen und die Waldmeisterkugeln ansprühen.

Marshmallow
80 ml Waldmeistersirup
40 g Glukose
440 g Zucker
55 g Eiweiß, aufgeschlagen
12 Blatt Gelatine
20 ml Waldmeistersirup
50 g Puderzucker
50 g Weizenpuder

Waldmeistersirup, Glukose und Zucker werden gemeinsam bei 130°C gekocht. In der Zwischenzeit wird das Eiweiß aufgeschlagen.
Die Zuckermischung nun langsam in das geschlagene Eiweiß geben und anschließend die in Waldmeistersirup aufgelöste Gelatine dazugeben. Puderzucker und Weizenpuder miteinander vermischen und auf ein Blech sieben. Die Eiweißmasse auf das Blech geben und 1,5 cm dick verstreichen. Auf die Oberfläche ebenfalls die Puderzuckermischung sieben, den fertigen Marshmallow erkalten lassen und anschließend in die gewünschte Form schneiden.

Waldmeisterbowle
50 g Waldmeister
100 g Zucker
1/2 Orange, Saft und Schale
1/2 Zitrone, Saft und Schale
10 g Ingwer
1/4 Vanilleschote
200 ml Champagner

Alle Zutaten in einen Topf geben, mit Alufolie abdecken und bei 70°C mindestens 3 Stunden im Ofen ziehen lassen. Anschließend abpassieren und den Sirup kaltstellen.

Waldmeisterpesto
Waldmeister, blanchiert
Läuterzucker
Pinienkerne

Alle Zutaten zu einem Pesto mixen.

VARIATION VOM WALDMEISTER

Mehl, Wasser, Butter, Salz, Zucker und Eigelb zu einem glatten Teig kneten. Butter abwechselnd in zwei einfachen und zwei doppelten Touren einarbeiten. Den fertigen Blätterteig 1-2 mm dick ausrollen und zwischen zwei Blechen backen. Anschließend in 4 x 4 cm große Quadrate schneiden, mit Puderzucker bestäuben und karamellisieren.

Blätterteig

220 g Mehl

125 ml Wasser

25 g Butter

5 g Salz

5 g Zucker

10 g Eigelb

250 g Butter

Himbeerpüree mit Zucker vermischen, die aufgelöste Gelatine zugeben und alles gemeinsam aufschlagen. Den Himbeerschaum auf ein Blech ca. 4 mm dick aufstreichen, im Kühlschrank erkalten lassen und in 3 x 3 cm große Quadrate schneiden.

Himbeerschaum

100 g Himbeerpüree

15 g Zucker

1 Blatt Gelatine

Thai-Basilikum, gehackt

Joghurt, Puderzucker und Zitronensaft miteinander vermischen. In der Zwischenzeit das Eiweiß mit Zucker aufschlagen. Sahne und geschlagenes Eiweiß unter den Joghurt heben und alles in einer Eismaschine gefrieren. Zum Schluss den Waldmeistersirup in die Eismaschine zugeben.

Joghurt-Waldmeister-Eis

200 ml Joghurt

20 g Puderzucker

10 ml Zitronensaft

25 g Eiweiß

20 g Zucker

100 g Sahne, geschlagen

70 ml Waldmeistersirup

Über einen länglichen Teller mit dem Waldmeisterpesto einen Streifen malen. Ans linke Ende die Waldmeistermousse setzen. Rechts davon wird das Millefeuille aus Blätterteig und Himbeerschaum angelegt. In die Mitte des Tellers eine Nocke Joghurt-Waldmeister-Eis platzieren. Anschließend den mit einer Himbeere garnierten Marshmallow setzen. Zum Schluss wird der Sirup in ein hohes Stamperlglas gefüllt und nach Geschmack mit Champagner aufgegossen.

Anrichten

SCHOKOLADEN-MILLEFEUILLE MIT FRUCHTSALAT, ESPRESSO-SOUFFLÉ UND TEESORBET

Zucker, Glukose und Wasser zu Karamell kochen. Butter und Kuvertüre zugeben und zu einer homogenen Masse verrühren, erkalten lassen. Im Ofen schmelzen, ausrollen und in die gewünschte Größe schneiden.

Eigelb schaumig schlagen, in der Zwischenzeit die Kuvertüre schmelzen. Das Eiweiß ebenfalls aufschlagen. Die Kuvertüre unter das Eigelb rühren, Sahne und Eiweiß unterheben.

Eiweiß mit Zucker aufschlagen, Kaluha und Sirup unterrühren und bei 200 °C Ober-/Unterhitze ca. 9 Minuten backen.

Wasser mit Zucker und Glukose aufkochen. Tee, Zitronen- und Orangenabrieb sowie Ingwer zugeben, ziehen lassen und abseihen. Rum einrühren und in der Eismaschine gefrieren.

Zutaten für 4 Personen

Karamellblätter

250 g Zucker

150 g Glukose

100 ml Wasser

50 g Butter

50 g Kuvertüre 70%

Bitterschokomousse

110 g Eigelb

70 g Eiweiß

110 g Kuvertüre 70%

80 g Sahne

Soufflé

3 Eiweiß

1 EL Zucker

3 1/2 EL Kaluha (Kaffeelikör)

1/2 EL Kaffeesirup

Teesorbet

50 ml Assam-Tee

200 ml Wasser

10 g Glukose

1 Zitrone, Abrieb

1 Orange, Abrieb

1 g Ingwer

50 g Zucker

10 ml Rum

Obstsalat-Sirup

1/2 Orange, Abrieb und Saft

1/2 Zitrone, Abrieb und Saft

2 g Ingwer

10 g Zucker

50 ml Grand Marnier

Alle Früchte in gleichmäßige kleine Würfel schneiden und mit dem Sirup vermengen.

Alle Zutaten (bis auf die Stärke) miteinander aufkochen. Mit der Stärke abbinden und abpassieren.

Auf einem quadratischen Teller auf der linken Seite längs das Schokoladen-Millefeuille platzieren. Hierfür zuerst eine Karamellplatte legen, darauf die Schokoladenmousse dressieren, und diesen Vorgang 4-mal wiederholen. Mit einer Karamellplatte abschließen. Am unteren Rand des Tellers zwei Streifen Rotweinsauce garnieren, darüber eine Nocke vom Teesorbet und in ein separates Schälchen den marinierten Fruchtsalat stellen. Auf einer Untertasse die Espressotasse mit dem Soufflé separat servieren.

Fruchtsalat

1/4 Honigmelone

1/4 Ananas

1 Kiwi

1/2 Mango

Sauce

100 ml Rotwein

Schale von 1 Orange

Schale von 1 Zitrone

1/2 Stange Zimt

2 Nelken

1 Sternanis

30 g Zucker

5 g Stärke

Anrichten

WENIG ZEIT, VIEL GENUSS:
ES MUSS JA NICHT IMMER KAVIAR SEIN. ODER
DOCH? JEDENFALLS WISSEN KÜCHENCHEF
HENNING ALDAG UND SEIN PATRON, WIE GÄNSE-
LEBER, ABER NATÜRLICH AUCH KÜRBIS, LINSEN
ODER RINDERFILET OHNE VIEL AUFWAND UND
DOCH RAFFINIERT ZUBEREITET WERDEN KÖNNEN.
MIT ODER OHNE ERBSENSPROSSEN.
DESHALB IN DIESEM KAPITEL 34 ELEGANTE,
DURCHAUS ALLTAGSTAUGLICHE REZEPTE AUS
DER BUSINESS CLASS.

GEBRATENE JAKOBSMUSCHELN MIT KALBSKOPFVINAIGRETTE

Schalotten in feine Würfel schneiden, andünsten und mit den weiteren Zutaten der Marinade mischen. Kalbskopf ebenfalls in feine Würfel schneiden und geschnittenen Schnittlauch zugeben.

Jakobsmuscheln beidseitig anbraten und mit Salz würzen. Kalbskopfvinaigrette mittig auf den Teller geben, darauf eine Scheibe der Fleischtomate platzieren. Auf die Fleischtomate je 3 Jakobsmuscheln setzen. Mit mariniertem Friséesalat garnieren.

Zutaten für 4 Personen

12 Jakobsmuscheln

4 Scheiben Fleischtomaten

100 g Friséesalat

Vinaigrette

200 g Kalbskopf, fertig gekocht

vom Metzger

4 Schalotten

4 EL Balsamicoessig, weiß

6 EL Olivenöl

6 EL Geflügelbrühe

1/2 Bund Schnittlauch

Salz , Pfeffer

GEBRATENE RIESENGARNELE MIT RATATOUILLESALAT UND PESTOCRÈME

Zutaten für 4 Personen

4 Riesengarnelen (aus der Schale
gebrochen und mit entferntem Darm)

Ratatouille

300 g rote Paprika

100 g Schalotten

1 Knoblauchzehe

150 g Zucchini

150 g Aubergine

100 g Würfel von geschälten
und entkernten Tomaten

1 Rosmarinzweig

Basilikumblätter

Pestocrème

4 EL Crème fraîche

2 EL Pesto

Salz, Pfeffer

Zur Herstellung des Ratatouillesalates das Gemüse in kleine Würfel schneiden. Schalotten in Olivenöl andünsten, die Auberginen, Zucchini, Knoblauch und Paprika dazugeben, mit Salz und Pfeffer würzen und dünsten lassen. Gemüse sollte noch Biss haben. Dann auskühlen lassen. Die Tomatenwürfel und die Basilikumstreifen unter das Gemüse heben.

Olivenöl in einer Pfanne erhitzen, die Riesengarnelen darin von beiden Seiten kurz anbraten. Rosmarinzweig dazugeben und mit Salz und Pfeffer aus der Mühle würzen.

Crème fraîche und Pesto verrühren.

Ratatouillesalat im Ring mittig auf dem Teller anrichten, Garnele darauf setzen, mit der Pestocrème überziehen und mit Basilikumblättern, Friséesalat oder Rucola garnieren.

CARPACCIO VOM WEIDE-OCHSEN MIT TÊTE DE MOINE UND TRÜFFELREMOULADE

Für die Trüffelremoulade die Mayonnaise, Crème fraîche, die Trüffel und die gehackte Petersilie miteinander verrühren. Mit Salz und Pfeffer abschmecken.

Rinderfilet in dünne Scheiben schneiden, zwischen Klarsichtfolie legen und dünn plattieren. Das Olivenöl mit Salz und Pfeffer verrühren. Die Teller mit einem Teil des Olivenöls bepinseln, mit Salz und Pfeffer bestreuen. Plattiertes Fleisch auf den Tellern anrichten und mit der Marinade beträufeln. Mit der Trüffelremoulade überziehen, mittig die Tête-de-Moine-Rosen anrichten. Eventuell mit Kresse garnieren.

Zutaten für 4 Personen

400 g Rinderfilet

8 EL Olivenöl

Saft von 1 Zitrone

4 Rosen Tête de Moine

2 EL Mayonnaise

2 EL Crème fraîche

1 EL feingehackte Sommertrüffel

1/2 TL gehackte Petersilie

Salz, Pfeffer

PARMASCHINKEN MIT BÜFFELMOZZARELLA UND WASSERMELONE

Wassermelone in 8 gleichmäßige, rechteckige Scheiben schneiden, vorsichtig salzen und mit Olivenöl bepinseln, je zwei rechteckige Melonenstücke auf einem Teller anrichten. Auf jedes Rechteck eine Mozzarellakugel setzen, mit Olivenöl beträufeln und mit Salz und Pfeffer würzen. Auf die Mozzarellakugeln je eine Scheibe Parmaschinken leicht eingerollt legen.

Den Rucola mit Balsamicoessig, Salz, Pfeffer und Olivenöl marinieren und in der Mitte zwischen den Mozzarellakugeln anrichten. Teller mit Olivenöl und Balsamicoessig leicht beträufeln.

Zutaten für 4 Personen

8 Kugeln Büffelmozzarella (Bocconcini)

8 Scheiben Parmaschinken

1 kg kernlose Wassermelone

400 g Rucola

Salz, Pfeffer

Olivenöl

Balsamicoessig, dunkel

ANTIPASTI

Aubergine und Zucchini mit der Aufschnittmaschine in ca. 2 mm dicke Scheiben schneiden, in einer Pfanne Olivenöl erhitzen, die Scheiben von beiden Seiten kurz anbraten und mit Salz und Pfeffer würzen. Auskühlen lassen.

Je eine Scheibe Aubergine und Zucchini abwechselnd leicht übereinanderlegen, die Mozzarellakugel darauf setzen, nochmals würzen, dann die Kugel mit den Gemüsescheiben eng einrollen.

Für das Tomatencarpaccio die Tomaten in sehr dünne Scheiben schneiden, flächig auf 4 Teller verteilen, mit Salz, Pfeffer, Balsamicoessig und Olivenöl marinieren.

Die Mozzarellaröllchen in einer Pfanne ringsherum scharf anbraten, dann auf das Tomatencarpaccio geben. Frisch gebackenes Ciabatta-Brot und Pesto passen dazu.

Zutaten für 4 Personen

4 Büffelmozzarellakugeln à 125g
1 Zucchini
1 Aubergine
2 reife fleischige Tomaten
2 EL Balsamicoessig, weiß
Olivenöl
Salz, Pfeffer

GEBRATENER GRAVED LACHS MIT INGWERRETTICH UND DILL-CRÈME-FRAÎCHE

Lachsfilet von Schuppen säubern und Gräten mit einer Pinzette entfernen. Zucker und Salz vermischen. Die Gewürze im Mörser grob zerstoßen und zur Salz-Zucker-Mischung geben. Die Kräuter waschen, zupfen und fein wiegen.

Eine Auflaufform mit Frischhaltefolie auskleiden. Salz-Zucker-Mischung zur Hälfte darauf verteilen. Hälfte der Kräuter dazugeben. Lachs mit Haut nach unten darauf legen. Anschließend die restliche Salz-Zucker- und Kräutermischung darauf verteilen. Mit Folie eng verschließen. Der Lachs sollte mindestens 48 Stunden in der Beize liegen. Dabei bis zu 4-mal wenden.

Danach Kräuter und Gewürze mit kaltem Wasser gut abspülen und trocken tupfen.

In einer heißen Pfanne den Lachs von beiden Seiten kurz und scharf anbraten, herausnehmen, auskühlen lassen und in 16 gleichmäßige Streifen schneiden.

Den Ingwer schälen und fein schneiden, mit Gemüsebrühe, Safran, Essig aufkochen und mit Salz und Pfeffer abschmecken. Rettich schälen und in dünne Scheiben schneiden. In den kochenden Sud Rettichscheiben einlegen, einmal aufkochen lassen und dann im Sud auskühlen lassen.

Für die Crème fraîche alle Zutaten verrühren.

Auf 4 Teller den Ingwerrettich verteilen, darauf je 2-3 Scheiben Graved Lachs legen und mit Dill-Crème-fraîche garnieren.

Zutaten für 4 Personen

Graved Lachs

1 kg Lachsfilet

1 Bund glatte Petersilie

1 Bund Dill

200 g Meersalz

200 g Zucker

2 TL Pfefferkörner

1 TL Korianderkörner

2 TL Senfkörner

10 Wacholderbeeren

Ingwerrettich

300 ml Gemüsebrühe

2 TL Balsamicoessig, weiß

40 g Ingwer

5 Safranfäden

200 g Rettich

Salz, Pfeffer

Dill-Crème-fraîche

4 EL Crème fraîche

Saft von 1/2 Zitrone

1/2 Bund Dill

Salz, Pfeffer

TATAR VOM LIMETTENLACHS MIT VITELLO TONNATO UND GEBRATENEN KAPERN

Zutaten für 4 Personen

20 Scheiben rosa
gebratener Kalbsrücken
12 Kapernblüten

Thunfischsauce

150 g Thunfisch in Öl
80 ml Geflügelbrühe
15 ml Balsamicoessig, weiß
100 g Mayonnaise
Salz, Pfeffer

Lachstatar

200 g gebeizter Lachs
2 Limetten
2 EL gehackter Dill

Die Zutaten der Thunfischsauce in den Mixer geben, mixen und abschmecken.

Den gebeizten Lachs in feine Würfel schneiden und mit gehacktem Dill und Limettensaft abschmecken. In kleine Ringformen setzen. Kapernblüten kurz in Olivenöl anbraten.

Auf länglichen Tellern auf einer Seite des Tellers je 5 Scheiben Kalbsrücken anrichten und mit der Thunfischsauce überziehen. Je 3 gebratene Kapernblüten darauf setzen. Auf der anderen Seite des Tellers das Lachstatar (Ring abziehen) setzen. Auf das Tatar eine Limettenspalte setzen. Mit Rucola, Kresse und Forellenkaviar garnieren.

MARINIERTE SCHEIBEN VOM SERVIETTENKNÖDEL MIT KALBSLENDE UND SCHNITTLAUCHVINAIGRETTE

Kalbslende mit Salz und Pfeffer würzen. In heißem Öl rundherum anbraten, mit Kräutern bestreut auf ein Blech legen und in dem auf 160°C vorgeheizten Backofen ca. 30 Minuten garen. Dann herausnehmen, auskühlen lassen und mit der Aufschnittmaschine in dünne Scheiben schneiden.

Semmeln in Würfel schneiden. Zwiebel fein würfeln und in Butter glasig dünsten. Eier, Milch, Salz vermengen, die gedünstete Zwiebel zugeben, über die Semmelwürfel gießen und alles gut vermengen. Gehackte Petersilie zugeben. Ein Stück Klarsichtfolie (40 x 50 cm) auf Alufolie (40 x 50 cm) legen. Die Masse auf die Klarsichtfolie geben und zu einer Rolle formen. Fest in beide Folien einwickeln und die Enden entgegengesetzt festdrehen. Wasser in einem Topf zum Kochen bringen, Rolle darin ca. 30-40 Minuten leicht köcheln lassen. Herausnehmen und abkühlen lassen. Serviettenknödel aus der Folie nehmen und mit der Aufschnittmaschine in dünne Scheiben schneiden.

Olivenöl, Essig, Geflügelfond verrühren. Sehr feine Schnittlauchröllchen schneiden, zu der Marinade geben und mit Salz und Pfeffer abschmecken.

Auf 4 Teller die dünnen Serviettenknödelscheiben als Fächer auflegen, mit der Marinade beträufeln, je 4-6 Scheiben Kalbslende dekorativ anrichten.

Dazu passt Blattsalat und frisch geriebener Meerrettich.

Zutaten für 4 Personen

Kalbslende
400 g Kalbslende

1 Thymianzweig

1 Rosmarinzweig

3 EL Pflanzenöl

Salz, Pfeffer

Serviettenknödel
300 g altbackene Semmeln

1 Zwiebel

30 g Butter

2 Eier

250 ml Vollmilch

2 EL gehackte Petersilie

Salz, Pfeffer, Muskat

Schnittlauchvinaigrette
6 EL Olivenöl

2 EL Sherryessig

4 EL Geflügelfond

1 Bund Schnittlauch

2 Schalotten

Salz, Pfeffer

ROASTBEEF MIT ORIENTALISCHEM COUSCOUS

Die Rinderlende würzen, rundherum in heißem Olivenöl gut anbraten und mit den Kräutern auf ein Backblech legen. Bei 120 °C Umluft ca. 1 Stunde garen (Kerntemperatur 54-58 °C). Herausnehmen und auskühlen lassen.

Für den Salat Paprika vierteln, Kerngehäuse entfernen und in Würfel schneiden. Knoblauch und Schalotten in sehr feine Würfel schneiden. Ca. 250 ml Wasser aufkochen und über das Couscous gießen, 5-10 Minuten quellen lassen, dann mit einer Gabel auflockern. Würfel von Knoblauch und Schalotten andünsten, Paprikawürfel zugeben und mit anschwitzen, mit Essig und Geflügelfond ablöschen. Die restlichen Zutaten zugeben und mit dem Couscous gut vermischen, nochmals abschmecken. Das ausgekühlte Roastbeef in dünne Scheiben schneiden und mit dem Couscous-Salat anrichten.

Zutaten für 4 Personen

500 g Rinderlende

4 EL Olivenöl

1 Zweig Rosmarin

1 Zweig Thymian

Salz, Pfeffer

Couscoussalat

1 gelbe Paprika

1 rote Paprika

50 g Schalotten

1 Knoblauchzehe

150 g Instantcouscous

4 EL Olivenöl

4 EL Balsamicoessig, weiß

100 ml Geflügelfond

2 EL Koriander

1/2 TL Harissa

2 EL Rosinen

3 EL Pinienkerne

Salz, Pfeffer

RATATOUILLECRÈMESUPPE MIT GRÜNEM SPARGEL

Olivenöl in einem Topf erhitzen. Zwiebel und Knoblauch fein würfeln und im erhitzten Öl andünsten. Tomatenmark dazugeben. Das restliche Gemüse in kleine Würfel schneiden und mit dem Basilikum und Thymian in den Topf zugeben. Mit der Gemüsebrühe aufgießen, mit Salz und Pfeffer würzen und köcheln lassen.

Wenn das Gemüse weich ist, die Suppe mixen. Anschließend durch ein Sieb passieren. Suppe wieder aufsetzen, Sahne zugeben, kurz aufkochen und kurz vor dem Servieren nochmals aufmixen.

Den grünen Spargel blanchieren, in Stücke schneiden, auf 4 vorgewärmte Suppentassen aufteilen, mit Suppe aufgießen.

Mit frischen Basilikumblättern oder Pesto dekorieren.

Zutaten für 4 Personen

100 g Zucchini

100 g Auberginen

100 g gelbe Paprika

100 g rote Paprika

200 g Tomaten

80 g Zwiebel

30 ml Olivenöl

1 EL Tomatenmark

600 ml Gemüsebrühe

100 ml Sahne

1 Thymianzweig

4 Basilikumblätter

1 Knoblauchzehe

8 Stangen grüner Spargel

Salz, Pfeffer

HUMMERSUPPE MIT GARNELENTEMPURA

Das Olivenöl in einer Kasserolle erhitzen und darin die Hummerschalen kurz anrösten. Das Gemüse schälen und in grobe Würfel oder Scheiben schneiden, zu den Hummerschalen geben. Das Tomatenmark einrühren und leicht mit anrösten, mit dem Cognac ablöschen. Mit Sahne und Fischfond aufgießen. Langsam köcheln und um die Hälfte einreduzieren lassen.

In der Zwischenzeit von den Garnelen die Schale entfernen, den Rücken leicht einschneiden und den Darm entfernen, Garnelen abwaschen. Den Tempurateig mit kaltem Wasser zu einer dickflüssigen Masse rühren. Die Garnelen auf einen Holzspieß spießen, durch die Tempuramasse ziehen und in heißem Öl knusprig ausbacken.

Die Suppe abseihen, mit Cayennepfeffer, Salz und Pfeffer abschmecken. Aufmixen und in Tassen oder Gläser füllen. Den Garnelen-Tempura-Spieß dazu reichen.

Zutaten für 4 Personen

800 g Hummerschalen

40 ml Olivenöl

50 g Schalotten, fein gewürfelt

40 g Lauch

30 g Stangensellerie

1 Knoblauchzehe

1 Tomate

1 TL Tomatenmark

4 EL Cognac

200 ml Sahne

1,5 l Fischfond

1 Spritzer Zitronensaft

1 Msp Cayennepfeffer

Salz, Pfeffer

4 mittelgroße Garnelen

Tempurateig (Asia-Shop)

TOMATENCONSOMMÉ MIT WACHTELBRUST UND GÄNSELEBERSTANGERL

Die Tomaten waschen, den Strunk entfernen und grob schneiden. Die Zwiebeln halbieren und die Schnittflächen in einer Pfanne ohne Öl bräunen lassen. Das Eiweiß zu fast steifem Schnee schlagen. Die Tomaten, Zwiebeln, Thymian, Pfefferkörner, Lorbeerblatt und Basilikum mit der Gemüsebrühe in einen Topf geben. Das Eiweiß unterrühren und bei langsamer Hitze unter Rühren aufkochen lassen. Sobald die Suppe aufkocht, die Hitze reduzieren und ca. 1 Stunde ziehen lassen.

Die Wachtelbrüste mit Salz und Pfeffer würzen und in der Pfanne bei mäßiger Hitze mit etwas Olivenöl von jeder Seite ca. 1 Minute braten, herausnehmen und mit Alufolie abdecken.

Das Strudelblatt ausbreiten und in 4 gleiche, längliche Teile schneiden. Das weiche Gänseleberparfait verrühren und in einen Spritzbeutel füllen. Auf jedes Strudelblattteil einen Streifen aufspritzen. Jedes Strudelblattteil wie eine Zigarre einrollen und die Enden einklappen. Mit Eigelb bestreichen, auf mit Backpapier belegtes Blech setzen und bei ca. 200 °C 3-4 Minuten backen.

Die Consommé durch ein feines Passiertuch in einen anderen Topf abseihen. Die abgeseihte Consommé aufkochen und mit Salz, Pfeffer und Zucker abschmecken.

Die Consommé in einer Tasse oder einem Glas servieren, auf einen großen Teller stellen, die Wachtelbrust und das Gänseleberstangerl daneben anrichten.

Zutaten für 4 Personen

1 kg reife Tomaten

2 kleine Zwiebeln

Pfefferkörner

4 Eiweiß

2 Lorbeerblätter

1/2 Bund Thymian

800 ml Gemüsebrühe

1/2 Bund Basilikum

4 Wachtelbrüste

200 g Gänseleberparfait

1 Strudelblatt

1 Eigelb

Salz, Pfeffer, Zucker

IN KRÄUTERN GEBRATENE GARNELEN MIT HUMMERFETTUCCINE

Zutaten für 4 Personen

Garnelen

12 mittelgroße Garnelen geschält

2 EL gehackte Petersilie

1 EL gehackter Thymian

1 EL gehackter Rosmarin

4 EL Olivenöl

60 g schwarze Oliven, entsteint

Sauce

50 g Zwiebel

1 Knoblauchzehe

50 ml Weißwein

30 ml Olivenöl

200 ml Hummersuppe

(Rezept Seite 89)

1 EL geschlagene Sahne

Salz, Pfeffer

Fettuccine

200 g Mehl

200 g Hartweizengrieß

4 Eier

2 EL Olivenöl

Salz

Für die Fettuccine Mehl mischen und mit den restlichen Zutaten zu einem geschmeidigen Teig kneten. Zugedeckt eine Stunde ruhen lassen. Mit der Nudelmaschine Fettuccine herstellen und auf ein bemehltes Blech legen.

Zwiebel und Knoblauch in feine Würfel schneiden. Olivenöl in einem Topf erhitzen und Zwiebel- und Knoblauchwürfel darin anschwitzen. Mit Weißwein ablöschen und mit der Hummersuppe aufgießen. Langsam auf die Hälfte reduzieren. Vor dem Servieren die Hummersauce mit einem Löffel geschlagener Sahne mit dem Zauberstab aufschäumen.

Die Garnelen vom Darm befreien, mit kaltem Wasser abwaschen, trockentupfen. Olivenöl in einer Pfanne erhitzen. Garnelen salzen und pfeffern, ins Olivenöl einlegen und von beiden Seiten kurz anbraten. Hitze zurücknehmen, gehackte Kräuter zu den Garnelen geben, ebenso schwarze Oliven. Fettuccine in Salzwasser kochen, abgießen, durch die Sauce schwenken und auf 4 tiefe Teller verteilen. Je 3 Kräutergarnelen darauf setzen und mit schwarzen Oliven garnieren.

GEBRATENE ENTENSTOPFLEBER AUF RHABARBERRAGOUT

Rhabarber in kleine, feine Stücke schneiden. Zucker mit Butter in einer Kasserolle farblos karamellisieren, die Rhabarberstücke zugeben, kräftig umrühren und sofort mit Weißwein ablöschen. Die Vanillestange zugeben und einkochen lassen. Vor dem Servieren die Vanille entfernen und das Ragout mit kalten Butterstückchen leicht binden.

Die Entenstopfleber mit einem heißen Messer in 4 gleichmäßige Scheiben schneiden, leicht mit Salz und Pfeffer würzen. Die Scheiben in Mehl wenden, abklopfen und von beiden Seiten in einer heißen Pfanne anbraten.

Das Rhabarberragout auf die Teller mittig anrichten, gebratene Entenstopfleber seitlich anlegen und mit Meersalz würzen.

Zutaten für 4 Personen

Entenleber

400 g geputzte Entenstopfleber

etwas Mehl

2 EL Öl

1 Prise Meersalz

Rhabarberragout

250 g geschälter Rhabarber

6 EL Zucker

2 EL Butter

125 ml Weißwein

1/2 Vanillestange

GEBACKENER ZIEGENKÄSE VON DER KÄSEREI LERCHENMÜLLER MIT TOMATEN-OLIVEN-SALAT

Die Ziegenkäserolle in 4 Teile schneiden. Den Strudelteig ausbreiten und jeweils halbieren (ergibt 4 Teile), Strudelteig mit flüssiger Butter einstreichen. Auf jedes Blatt ein Stück Ziegenkäse setzen, darauf je eine getrocknete Tomate und frischen Thymian geben. Die Teigteile zu einem Päckchen wickeln, außen ebenfalls mit flüssiger Butter bestreichen. Auf ein mit Backpapier belegtes Blech geben und bei 200°C Umluft ca. 4-5 Minuten goldgelb backen.

Die Oliven und Kirschtomaten vierteln, mit den restlichen Zutaten zu einem Salat vermengen und abschmecken. Den Salat auf 4 Teller verteilen. Die Ziegenkäsepäckchen jeweils aufsetzen und eventuell mit Basilikumblättern oder Rucola garnieren.

Zutaten für 4 Personen

Ziegenkäsepäckchen

200 g Ziegenkäserolle

1/2 Bund Thymian

4 getrocknete Tomaten

2 Blätter Strudelteig

4 EL flüssige Butter

Tomaten-Oliven-Salat

50 g schwarze kernlose Oliven

400 g Kirschtomaten

4 EL Olivenöl

3 EL Balsamicoessig, weiß

Zucker, Salz, Pfeffer

WACHTELBRUST MIT BELUGALINSEN UND PANCETTA

Für die Linsen die Karotten, den Staudensellerie, die Schalotten und den Knoblauch putzen und in feine Würfel schneiden. Schalotten und Knoblauch andünsten. Gemüse und Linsen dazugeben. Mit Balsamicoessig ablöschen und mit Geflügelbrühe auffüllen. Köcheln lassen, bis die Linsen bissfest sind. Linsen mit Butter, gehackter Petersilie und Kalbsjus abschmecken.

Die Pancettascheiben bei 200°C im Ofen knusprig backen.

Die Wachtelbrüste mit Salz und Pfeffer würzen und von beiden Seiten je 2 Minuten anbraten, warmstellen.

Die Linsen in tiefen Tellern anrichten, 2 Wachtelbrüste pro Teller auf die Linsen setzen, auf jede Wachtelbrust je 1 Scheibe knusprigen Pancetta legen.

Zutaten für 4 Personen

Linsen

120 g Belugalinsen

50 g Schalotten

50 g Staudensellerie

1/2 Knoblauchzehe

50 g Karotten

2 EL Butter

2 EL gehackte Petersilie

1 TL Balsamicoessig, dunkel

2 TL Kalbsjus

500 ml Geflügelbrühe

Wachtelbrüste

8 Wachtelbrüste

8 Scheiben Pancetta

Salz, Pfeffer

WEISSER HEILBUTT MIT SCHWARZEM RISOTTO UND ORANGENCHICORÉE

Für die Champagnersauce 50 g fein gewürfelte Schalotten anbraten, mit Champagner und 50 ml Weißwein ablöschen und einkochen. Den Fischfond dazugeben und weiter um die Hälfte einkochen. Sahne und Crème fraîche dazugeben und um ein Viertel einkochen. Mit Salz und Pfeffer abschmecken. Vor dem Servieren 2-3 kalte Butterflocken einrühren.

Für den Orangenchicorée den Chicorée viertln und den Strunk entfernen, anschließend blanchieren, so werden die Bitterstoffe entzogen. 2 EL Zucker in der Stielkasserolle karamellisieren, den geviertelten Chicorée dazugeben, mit Orangen- und Zitronensaft ablöschen und einkochen.

Für den schwarzen Risotto 50 g fein gewürfelte Schalotten andünsten, den Reis dazugeben und glasig anschwitzen. Mit restlichem Weißwein ablöschen und einkochen. Die Geflügelbrühe nach und nach dazugeben. Der Risotto sollte bissfest und cremig sein. Mit Salz und Pfeffer abschmecken, kurz vor dem Anrichten kalte Butterflocken und Parmesan unterrühren.

Die Heilbuttsteaks in einer Teflonpfanne von beiden Seiten in Olivenöl anbraten. Der Fisch sollte innen noch glasig sein. Mit Salz würzen.

In der Mitte des Tellers Risotto anrichten, links und rechts davon Chicorée, die Heilbuttsteaks auf den Risotto legen, mit der Champagnersauce überziehen. Als Garnitur eventuell eingelegte Kirschtomaten.

Zutaten für 4 Personen

4 Steaks vom weißen Heilbutt à 150 g

Orangenchicorée

4 Chicorée
2 EL Zucker
Saft von 1 Orange
Saft von 1 Zitrone

Risotto

100 g Schalotten
2 EL Olivenöl
300 g schwarzer Risottoreis
(Venere, Kochzeit ca. 60 Minuten)
100 ml Weißwein
1 l Geflügelbrühe
50 ml Champagner
250 ml Fischfond
100 ml Sahne
4 EL Crème fraîche
Parmesan
Butter
Salz, Pfeffer

LOUP DE MER AUF ARTISCHOCKENFOND MIT RATATOUILLE UND BASILIKUMGNOCCHI

Zutaten für 4 Personen

Loup de mer

4 Wolfsbarschfilets à 100 g

1 Thymianzweig

4 EL Olivenöl

1 EL Butter

Meersalz

Artischockenfond

2 Artischocken

40 g Schalotten

70 ml Weißwein

30 ml Noilly Prat

300 ml Fischfond

1 TL Crème fraîche

Saft von 1/2 Zitrone

Salz, Pfeffer

Die Artischocken schälen und fein würfeln, mit Schalottenwürfeln anschwitzen, mit Weißwein und Noilly Prat ablöschen und mit dem Fischfond auffüllen. Artischocken weichkochen, dann mit dem Zauberstab fein mixen. Fond mit Salz und Pfeffer abschmecken, mit Crème fraîche und Zitronensaft vor dem Servieren aufmixen.

Für die Basilikumgnocchi die Kartoffeln schälen und in Salzwasser kochen, abseihen und ausdampfen lassen. Durch eine Kartoffelpresse drücken, mit Eigelb, Mehl und Butter verkneten. Mit Salz, Pfeffer und Muskat abschmecken. Fein gehackte Basilikumblätter unter die Masse kneten. Teig zu dickem Strang formen, 2 cm lange Stücke abschneiden. Nocken eventuell über eine Gabel rollen, um ein Muster zu bekommen. Nocken in Salzwasser aufkochen lassen, abseihen und in aufgeschäumter Butter durchschwenken.

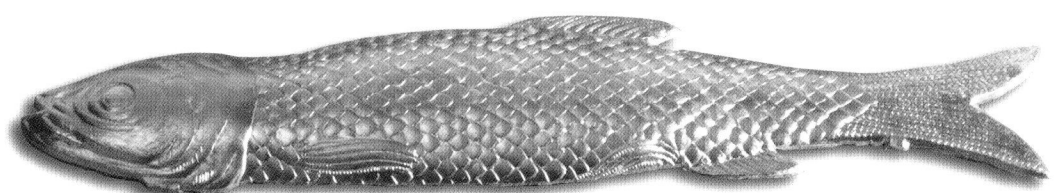

Gemüse fein würfeln, gewürfelten Knoblauch und gewürfelte Zwiebel andünsten, Gemüse zugeben und mit Salz und Pfeffer würzen. Gemüse sollte noch leichten Biss haben. Tomatenwürfel zugeben. Kurz vor dem Servieren gehackte Kräuter untermischen.

Olivenöl in der Pfanne erhitzen, Loup de mer mit der Hautseite nach unten 3-4 Minuten kross anbraten. Die Filets wenden, Hitze wegnehmen, Thymian und Butter zugeben und den Fisch einige Minuten darin ziehen lassen. Kurz vor dem Servieren mit Meersalz würzen.

Aufgeschäumten Artischockenfond auf 4 Teller verteilen, darauf je ein Filet setzen, 4 Basilikumgnocchi um den Fisch herum legen. Je ein Löffel Ratatouille anlegen.

Basilikumgnocchi

400 g mehligkochende Kartoffeln

2 Eigelb

1 EL Butter

120 g Mehl

Salz, Pfeffer, Muskat

Ratatouille

40 g rote Paprika

40 g Zucchini

40 g Aubergine

20 g Zwiebel

1 Knoblauchzehe

20 g Tomatenwürfel aus geschälter

und entkernter Tomate

je 1 TL Rosmarin und Thymian gehackt

Salz, Pfeffer

LOUP DE MER
AUF KERBELPÜREE MIT
KNOBLAUCH-SAFRAN-SAUCE

Zutaten für 4 Personen

Loup de mer

4 Wolfsbarschfilets à 100 g

1 Thymianzweig

4 EL Olivenöl

1 EL Butter

Meersalz

Kerbelpüree

1 kg Kartoffeln

1 TL Kümmel

200 ml Milch

2 EL Butter

100 g Kerbel

Meersalz

Knoblauch-Safran-Sauce

1 gelbe Paprika

1 Knoblauchzehe

2 Schalotten

5 Safranfäden

20 ml Noilly Prat

20 ml Weißwein

100 ml Hummerfond

300 ml Muschelfond

2 Thymianzweige

2 Petersilienzweige

Olivenöl

Meersalz

Für die Sauce die Schalotten, Knoblauch, Paprika würfeln und farblos anschwitzen. Safranfäden dazugeben. Mit Noilly Prat und Weißwein ablöschen und mit Hummerfond und Muschelfond aufgießen. Aufkochen und alles fein mixen. Durch ein feines Sieb gießen, um die Hälfte einreduzieren. Kräuter einlegen und nach 15 Minuten wieder entfernen. Vor dem Servieren nochmals mit Meersalz abschmecken und mit dem Zauberstab aufmixen.

Für das Püree die Kartoffeln waschen, in Salzwasser mit Kümmel weichkochen, abgießen, schälen und durch eine Kartoffelpresse drücken. Milch aufkochen, langsam zu den Kartoffeln geben und verrühren, bis das Püree sämig und locker ist. Kurz vor dem Servieren die kalte Butter unterrühren. Mit Muskat und Salz abschmecken und fein gehackten Kerbel unterheben.

Olivenöl in einer Pfanne erhitzen, Wolfsbarsch mit der Hautseite nach unten 3-4 Minuten kross anbraten. Wolfsbarsch wenden, Hitze zurücknehmen. Thymian und Butter zugeben und den Fisch darin einige Minuten ziehen lassen. Kurz vor dem Servieren mit Meersalz würzen. In 4 tiefe Teller je eine Nocke Kerbelpüree setzen, darauf den gebratenen Loup de mer platzieren und mit der aufgeschäumten Sauce umgießen.

IN LIMONCELLO MARINIERTER BUTTERFISCH AUF PAPRIKA-COUSCOUS

Butterfisch in 16 sehr dünne Scheiben schneiden. Auf einen tiefen Teller legen und mit dem Olivenöl, Balsamicoessig, Zitronensaft und Limoncello marinieren. Thymianzweig abzupfen und Blättchen dazugeben. Mit Salz und Pfeffer würzen.

Paprika vierteln, Kerngehäuse entfernen und in Würfel schneiden. Knoblauch und Schalotten in sehr feine Würfel schneiden. Ca. 250 ml Wasser aufkochen und über das Couscous gießen. 5-10 Minuten quellen lassen, dann mit einer Gabel auflockern.

Würfel von Knoblauch und Schalotten andünsten, Paprikawürfel zugeben und mit anschwitzen. Mit Essig und Geflügelfond ablöschen, die getrockneten Tomaten in sehr feine Streifen schneiden, mit Petersilie und Koriander zum Couscous geben und gut vermischen. Nochmals abschmecken.

Für die Paprikasauce die Paprika vierteln, Kerngehäuse entfernen und in Würfel schneiden. Schalotten in Streifen schneiden, zusammen mit Paprikawürfeln in Olivenöl anschwitzen. Mit 100 ml Geflügelfond aufgießen, mit Salz, Zucker und Pfeffer abschmecken. Wenn der Paprika weich ist, mit dem Zauberstab pürieren und durch ein Sieb streichen.

Das Couscous auf 4 Teller verteilen, je 3-4 Scheiben Butterfisch darauf setzen und mit der Paprikasauce überziehen.

Zutaten für 4 Personen

Butterfisch

400 g Butterfisch

4 EL Olivenöl

2 EL Balsamicoessig, weiß

4 EL Limoncello

Saft von 1/2 Zitrone

1 Thymianzweig

Salz, Pfeffer

Paprika-Couscous

1 gelbe Paprika

1 rote Paprika

50 g Schalotten

1 Knoblauchzehe

150 g Instantcouscous

4 EL Olivenöl

4 EL Balsamicoessig, weiß

100 ml Geflügelfond

2 EL gehackter Koriander

8 getrocknete Tomaten

2 EL gehackte Petersilie

Salz, Pfeffer

Paprikasauce

2 rote Paprika

30 g Schalotten

100 ml Geflügelfond

2 EL Balsamicoessig, weiß

Salz, Zucker, Pfeffer

KALBSLENDE MIT RAHMWIRSING UND OCHSENSCHWANZRAVIOLI

Kalbslende beidseitig mit Salz und Pfeffer würzen und rundherum anbraten. Angebratene Kalbslende mit Thymian und Rosmarin auf ein Ofenblech setzen. Bei 100 °C bis zu einer Kerntemperatur von 55-60 °C (ca. 90 Minuten) in den Ofen schieben.

Für den Rahmwirsing die Wirsingblätter in Salzwasser blanchieren, in Eiswasser abschrecken, Strunk herausschneiden und anschließend in feine Streifen schneiden. Sahne und Crème fraîche leicht einkochen und mit Salz, Pfeffer und Muskat abschmecken. Die Wirsingstreifen zugeben.

Für die Ravioli Mehl in eine Schüssel geben, mit Olivenöl, Salz und Ei zu einem festen Teig verarbeiten. Den Teig zugedeckt ca. 30 Minuten ruhen lassen. Den Nudelteig mit der Nudelmaschine in dünne Streifen ausrollen (ca. 20 cm lang). Mit einem Spritzbeutel kleine Häufchen vom Ochsenschwanzragout darauf setzen (2-3 Ravioli pro Person). Mit einer zweiten Nudellage zudecken, die Seitenränder andrücken, mit einem Teigroller ausschneiden. Die Ravioli in Salzwassser al dente kochen und in Butter anschwenken.

Zum Anrichten je 2-3 Ravioli oben am Tellerrand anlegen, unten den Rahmwirsing anrichten, mittig eine Tranche von der rosa gebratenen Kalbslende legen und mit Kalbsjus überziehen.

Zutaten für 4 Personen

Kalbslende

1 kg Kalbslende, pariert

1 Thymianzweig

1 Rosmarinzweig

200 ml Kalbsjus

Butter

Salz, Pfeffer

Rahmwirsing

200 g Wirsingblätter

50 ml Sahne

1 TL Crème fraîche

1 TL gehackte Petersilie

Ravioli

200 g Weizenmehl

200 g Hartweizengrieß

4 Eier

4 TL Olivenöl

Salz

200 g Fleisch vom geschmorten Ochsenschwanz, ausgelöst

ROSA GEBRATENER KALBSTAFELSPITZ MIT GLACIERTEM PAK CHOI UND KARTOFFEL-CRÊPE-ROULADE

Fettdeckel auf dem Kalbstafelspitz nicht entfernen, Unterseite von Sehnen befreien. Fleisch würzen und auf der Fettseite in einer Pfanne anbraten. Wenden. Kalbstafelspitz mit dem Thymianzweig auf einen Gitterrost setzen und im Backofen bei Niedertemperatur (75°C) ca. 3 Stunden garen.

Für die Crêpes Mehl, Milch und Salz glattrühren, Eier und Butter dazugeben und verrühren. Teig quellen lassen. Eine Pfanne erhitzen, den Teig dünn einlaufen lassen, dabei die Pfanne schräg halten. Pfannenboden muss gleichmäßig dünn belegt sein. So zwei Crêpes ausbacken. Kartoffeln schälen, waschen und in Salzwasser kochen. Abgießen und ausdampfen lassen. Anschließend die Kartoffeln durch die Kartoffelpresse drücken. Die Kartoffelmasse mit den Eiern vermischen und erkalten lassen. Mehl, Salz und Petersilie unter die Masse mischen.

Crêpes auf Klarsichtfolie legen (muss größer als Crêpes sein), Kartoffelmasse gleichmäßig auf die Crêpes verteilen. Crêpes mit der Folie einrollen, anschließend in Alufolie einrollen und Enden entgegengesetzt zusammendrehen. In 80°C warmem Wasser garen, aus der Folie nehmen und die Roulade in 4 Stücke portionieren (schräg anschneiden).

Pak Choi waschen und halbieren, in einer Kasserolle Schalotten in Butter andünsten, Pak Choi zugeben, salzen und pfeffern, mit der Brühe auffüllen und zugedeckt weich dünsten.

Für die Jus Schalotten fein würfeln, in Butter anschwitzen, mit dem Spätburgunder ablöschen und solange einkochen, bis nur noch wenig Flüssigkeit vorhanden ist. Mit dem Kalbsfond auffüllen und nochmals bis zur Hälfte reduzieren. Kurz vor dem Servieren mit kalten Butterstückchen verrühren.

Auf 4 große Teller je eine Crêperoulade setzen, Pak Choi schräg anlegen, mit Schalotten-Spätburgunder-Jus umgießen. Vom Kalbstafelspitz 4 schöne Scheiben schneiden und schräg auf den Pak Choi setzen.

Zutaten für 4 Personen

Kalbstafelspitz
800 g Kalbstafelspitz
1 Thymianzweig
Öl zum Anbraten
Salz, Pfeffer

Pak Choi
4 kleine Pak Choi
40 g Butter
20 g Schalottenwürfel
125 ml Gemüsebrühe

Kartoffelroulade
400 g mehligkochende Kartoffeln
2 Eigelb
1 Vollei
100 g Mehl
30 g Butter
2 TL gehackte Petersilie
Salz

Crêpes
60 g Mehl
100 ml Milch
2 Eier
1 EL Butter flüssig
Salz

Schalotten-Spätburgunder-Jus
200 ml Kalbsfond
5 Schalotten
250 ml Spätburgunder
1 TL Butter

LAMMKARREE MIT BASILIKUMKRUSTE, ZUCKERSCHOTEN, AUBERGINEN UND KARTOFFELGRATIN

Die Lammkarrees von Sehnen befreien, mit Salz und Pfeffer würzen und anbraten. Auf einen Gitterrost setzen und bei 180°C ca. 13 Minuten im Ofen garen. Für die Basilikumkruste alle Zutaten verrühren, zur Rolle formen und kaltstellen. Die Auberginen andünsten, mit Essig ablöschen, mit Salz und Pfeffer würzen und einrollen.

Zuckerschoten fein schneiden, mit Salz und Pfeffer würzen und andünsten. Kartoffeln schälen und in feine Scheiben schneiden. Eine Auflaufform mit Knoblauch und Butter ausreiben, salzen und pfeffern. Milch mit Sahne und Muskat aufkochen, Kartoffeln geschichtet in Auflaufform einlegen und mit der Milch-Sahne- Mischung übergießen. Bei 180°C 30 Minuten im Ofen garen, bis das Gratin eine goldbraune Farbe annimmt. Am Ende der Garzeit Parmesan darüber geben.

Die Lammkarrees mit Senf bestreichen, mit von der Rolle geschnittenen Scheiben der Basilikumkruste belegen und anschließend gratinieren (Oberhitze im Ofen).

Gratin am oberen Rand des Tellers anrichten, das Zuckerschotengemüse mittig platzieren, die Auberginenröllchen anlegen, Lammkarrees aufschneiden und auf das Zuckerschotengemüse legen (pro Person 2 Scheiben Karree). Heiße Lammjus dazugeben.

Zutaten für 4 Personen

Lammkarrees

4 Lammkarrees à 250 g

1 TL Senf

1 Rosmarinzweig

200 ml Lammjus

Salz, Pfeffer

Basilikumkruste

100 g fein geriebenes Weißbrot

50 g Basilikumblätter, in feine Streifen geschnitten

20 g geriebener Parmesan

50 g aufgeschlagene cremige Butter

Salz, Pfeffer

Gemüse

8 Scheiben Auberginen

1 TL Balsamicoessig, weiß

200 g Zuckerschoten

Salz, Pfeffer

Kartoffelgratin

4 mittelgroße Kartoffeln

100 ml Milch

100 ml Sahne

Butter

1 Knoblauchzehe

Salz, Pfeffer, Muskat

50 g geriebener Parmesan

POLTINGER LAMMNUSS MIT ZWIEBELKRUSTE, BOHNEN-CASSOULET UND ROSMARINKARTOFFELN

Für die Zwiebelkruste die Butter schaumig rühren, gemahlenes Toastbrot, Zwiebeln, Kräuter und Schalotten gut mit der Butter vermischen. Mit Salz und Pfeffer abschmecken. Buttermasse zu einer Rolle formen und in Folie wickeln, kühlen.

Kartoffeln waschen und in Salzwasser kochen. Wenn die Kartoffeln gar, jedoch noch bissfest sind, das Wasser abgießen, auskühlen lassen und halbieren. Die halbierten Kartoffeln in eine Pfanne geben, salzen und im Backofen braten. Kurz vor dem Servieren Butter und gehackten Rosmarin zugeben.

Fleisch mit Salz und Pfeffer würzen und rundherum anbraten. Anschließend auf einem Rost mit den Kräutern im vorgeheizten Backofen bei 120°C etwa 10 Minuten garen. Temperatur auf 70°C herunterschalten und das Fleisch weitere 20 Minuten garen lassen. Lammjus aufkochen und kurz vor dem Servieren mit kalten Butterflocken verrühren. Fertige Lammnüsse in Scheiben schneiden, auf jede Scheibe eine Scheibe der Zwiebelkruste legen und unter dem Grill kurz gratinieren.

Bohnen getrennt in Salzwasser blanchieren, in Eiswasser abschrecken. In einem Topf Butter zerlassen. Bohnen dazugeben und mit Salz und Pfeffer abschmecken. Kurz vor dem Servieren die Tomatenwürfel und Kräuter zufügen und verrühren.

Bohnencassoulet mittig auf den Tellern verteilen, darauf 2 Scheiben gratiniertes Lamm legen, rundherum 6 halbe Rosmarinkartoffeln anlegen und Jus angießen.

Zutaten für 4 Personen

Lammnuss

4 Lammnüsse à 200 g

1 Thymianzweig

1 Rosmarinzweig

1 Knoblauchzehe

200 ml Lammjus

Öl zum Anbraten

Salz, Pfeffer

Zwiebelkruste

150 g weiche Butter

60 g getrocknetes Toastbrot, feingemahlen

40 g Zwiebelwürfel,angeschwitzt und ausgekühlt

40 g Schalottenwürfel, angeschwitzt und ausgekühlt

1 Thymianzweig, abgezupft

Salz, Pfeffer

Bohnencassoulet

50 g Kaiserschoten

40 g geputzte Kenia-Bohnen

50 g schwarze Bohnen, eingeweicht

50 g weiße Bohnen, eingeweicht

20 g Würfel von der geschälten und entkernten Tomate

1 TL gehackter Rosmarin

1 TL gehackter Thymian

1 TL gehackte Petersilie

2 EL Butter

Salz, Pfeffer

Rosmarinkartoffeln

12 gleichmäßige La-Ratte-Kartoffeln

1 TL feingehackter Rosmarin

3 EL Öl

Salz, Pfeffer

PERLHUHNBRUST MIT GEBRATENER GÄNSELEBER, POLENTA UND TRÜFFELJUS

Für die Polenta Wasser und Milch zum Kochen bringen, salzen und Olivenöl dazugeben. Polenta langsam einrühren, mit einem Holzlöffel weiter rühren und dabei 20 Minuten langsam kochen lassen. Polenta sollte sich vom Topfboden lösen. Fertige Polenta in eine Kastenform füllen und erkalten lassen. Polenta erkaltet herausnehmen, in Scheiben schneiden, Scheiben vor dem Servieren in Olivenöl anbraten.

Öl in einer Pfanne erhitzen, Perlhuhnbrüste mit Salz und Pfeffer würzen, mit der Hautseite zuerst in die Pfanne einlegen, anschließend die Unterseite kurz anbraten. Herausnehmen, mit den Kräutern auf einen Gitterrost setzen und bei 180°C ca. 10 Minuten im Ofen garen. Danach warmstellen.

Gänseleber mit einem heißen Messer in 4 gleichmäßige Scheiben schneiden, in Mehl wenden, abklopfen und in einer heißen Pfanne von beiden Seiten anbraten, herausnehmen und warmstellen.

Bohnen in Salzwasser blanchieren und in Eiswasser abschrecken. Butter mit Gemüsebrühe in einer Pfanne erhitzen, bis sie emulgieren (binden). Bohnen zugeben und mit Salz und Pfeffer würzen. Vor dem Servieren die Bohnen herausnehmen und auf einem Tuch abtropfen.

In der von der Gänseleber noch heißen Pfanne Schalottenwürfel anschwitzen, Trüffel hinzufügen, mit Madeira ablöschen, um die Hälfte reduzieren, mit Kalbsfond auffüllen, nochmals um die Hälfte reduzieren, mit Salz und Pfeffer abschmecken und kurz vor dem Anrichten mit der kalten Butter verrühren.

Je eine Perlhuhnbrust auf einen Teller geben, eine Scheibe Polenta und die Bohnen anlegen, mit der Trüffeljus überziehen und die gebratene Gänseleber an die Perlhuhnbrust legen.

Zutaten für 4 Personen

Perlhuhnbrust

4 Perlhuhnbrüste

1 Thymianzweig

1 Rosmarinzweig

Öl zum Braten

Salz, Pfeffer

200 g geputzte Gänseleber

etwas Mehl

Polenta

250 ml Wasser

125 ml Milch

125 g Polenta

2 EL Butter

Salz, Pfeffer

2 EL Olivenöl

Bohnen

400 g Kenia-Bohnen geputzt

50 ml Gemüsebrühe

40 g Butter

Salz, Pfeffer

Trüffeljus

150 ml Kalbsfond

50 ml Madeira

20 g Schalottenwürfel

40 g schwarze Trüffel, fein gehackt

1 TL Butter

Zutaten für 4 Personen	Rinderfilets mit Salz und Pfeffer würzen, in einer Pfanne von allen Seiten anbraten. Auf einen Gitterrost setzen. Im vorgeheizten Backofen bei 160°C ca. 8 Minuten garen. Rinderfilets herausnehmen, mit Alufolie abdecken und mindestens 5 Minuten ruhen lassen. Vor dem Servieren in aufgeschäumter Butter mit den Kräutern kurz nachbraten.
Rinderfilet	
4 Rinderfilets à 120 g	
1 Thymianzweig	
1 Rosmarinzweig	
Öl zum Anbraten	
Salz, Pfeffer	Schalotten in feine Würfel schneiden und in Butter anschwitzen. Mit Salz und Pfeffer würzen und mit Rotwein und Portwein ablöschen. So lange köcheln lassen, bis die Flüssigkeit fast reduziert ist. Rotweinschalotten kurz vor dem Servieren mit der kalten Butter sämig verrühren und nochmals abschmecken.
150 ml Kalbsjus	
Rotweinschalotten	
15 Schalotten	
1 l Rotwein	
250 ml Portwein	
50 g Butter	Blätterteig auf einer bemehlten Arbeitsfläche ausrollen, vierteln und in 4 kleine gefettete Förmchen auslegen, dabei Blätterteig über den Rand lappen lassen.
Salz, Pfeffer	
Blätterteigtörtchen	
400 g Blätterteig	Kartoffeln in Salzwasser kochen, abgießen und durch die Kartoffelpresse drücken. Mit Salz und Pfeffer abschmecken, 2 TL gehackte Petersilie dazugeben, getrocknete Tomaten in feine Streifen schneiden und ebenso dazugeben. Eventuell mit etwas Milch und Butter sämig machen. Kartoffelmasse in die 4 Blätterteigförmchen füllen. Blätterteig zusammenklappen. Im vorgeheizten Backofen bei 200°C ca. 15-20 Minuten backen.
200 g Kartoffeln	
2 TL gehackte Petersilie	
6 getrocknete Tomaten	
1 TL Butter	
etwas Milch	
Salz, Pfeffer	
Steinpilze	Stiele der Steinpilze mit einem Tuch putzen, in Scheiben schneiden, in einer Pfanne mit aufgeschäumter Butter andünsten und mit Salz und Pfeffer würzen.
4 feste große Steinpilze	
1 TL Butter	
Salz, Pfeffer	

Auf 4 Teller je ein Rinderfilet legen, Kalbsjus aufkochen und halb über die Filets gießen. Je ein Blätterteigtörtchen dazugeben, eine Nocke Rotweinschalotten auf das Filet setzen und die Steinpilze daneben anrichten.

RINDERFILET MIT ROTWEIN-SCHALOTTEN, STEINPILZEN UND BLÄTTERTEIGTÖRTCHEN

GESCHMORTE OCHSEN-RIPPE MIT PAK CHOI UND KARTOFFELGRATIN

Rippen mit Salz und Pfeffer würzen, in einem Bräter Öl erhitzen und Rippen von allen Seiten anbraten, herausnehmen. Im selben Bräter Gemüse, Kräuter und Gewürze andünsten. Tomatenmark dazugeben und mitrösten. Mit einem Drittel des Rotweins ablöschen und einkochen. Mit dem zweiten und dritten Drittel nacheinander genauso verfahren. Mit dem Kalbsfond auffüllen. Rippen wieder zugeben. Zugedeckt im Backofen bei 160 °C ca. 2 1/2 Stunden schmoren. Danach Rippen herausnehmen, Sauce durch ein feines Sieb passieren und um die Hälfte reduzieren. Rippen vor dem Servieren in der Sauce erhitzen.

Kartoffeln schälen und in feine Scheiben schneiden. Eine Auflaufform mit Knoblauch und Butter ausreiben, salzen und pfeffern. Milch mit Sahne und Muskat aufkochen, Kartoffeln geschichtet in Auflaufform einlegen und mit der Milch-Sahne-Mischung übergießen. Bei 180°C in den Ofen schieben. Am Ende der Garzeit nach ca. 30 Minuten mit Parmesan bestreuen.

Pak Choi waschen und halbieren, in einer Kasserolle Schalotten in Butter andünsten. Pak Choi zugeben, salzen und pfeffern, mit der Brühe auffüllen, zugedeckt weichdünsten.

Die Rippen mit dem Fleisch nach oben mittig auf die Teller setzen. Pak Choi anlegen und Kartoffelgratin dazugeben. Rippen mit der Schmorsauce überziehen.

Zutaten für 4 Personen

Geschmorte Rippen

4 Rippen mit Fleisch à 250 g

4 fein geschnittene Schalotten

1 Karotte, geschält und gewürfelt

40 g Knollensellerie, geschält und gewürfelt

5 Champignons ohne Stiel

1 Knoblauchzehe

Thymianzweig

1 Rosmarinzweig

1 Lorbeerblatt

5 schwarze Pfefferkörner

500 ml trockener kräftiger Rotwein

1 l Kalbsfond

Kartoffelgratin

4 mittelgroße Kartoffeln

100 ml Milch

100 ml Sahne

Butter

1 Knoblauchzehe

Salz, Pfeffer, Muskat

50 g geriebener Parmesan

Pak Choi

4 kleine Pak Choi

40 g Butter

20 g Schalottenwürfel

125 ml Gemüsebrühe

CAPPUCCINO-EIS-SOUFFLÉ MIT MASCARPONE-CHEESE-CAKE

Für das Cappuccino-Eis-Soufflé das Eigelb und Nescafé über Wasserbad warm schlagen, dann kalt schlagen. Zucker und Eiweiß schaumig schlagen und unter die Eigelbmasse geben. Geschlagene Sahne unterheben, in Espressotassen füllen und einfrieren.

Amarettini mit Amaretto mischen und in einem Tortenring mit einem Durchmesser von 20 cm (mit Backpapier ausgelegt) ausstreichen. Eigelb mit Zucker schaumig schlagen. Mascarpone, Zitronensaft, Vanillemark verrühren und mit der Eimasse mischen. Auf den Amarettini-Amaretto-Boden gießen und bei 150°C Heißluft ca. 60 Minuten goldgelb backen. Herausnehmen und auskühlen lassen.

Für das Erdbeergelee das Erdbeermark, Zucker und Zitronensaft aufkochen und darin die eingeweichte Gelatine auflösen. Erdbeergelee auf Cheesecake gießen, nochmal durchkühlen lassen.

Eine Tasse Soufflé wird mit einem Stück Cheesecake auf einem großen Teller serviert. Dazu passt ein frischer Erdbeersalat.

Zutaten für 4 Personen

Cappuccino-Eis-Soufflé

1 TL Nescafé

75 g Zucker

2 Eiweiß

170 g geschlagene Sahne

2 Eigelb

Mascarpone-Cheesecake

(20 cm Tortenring)

Boden

Amarettini-Brösel

Amaretto

Belag

2 Eigelb

100 g Zucker

400 g Mascarpone

Saft von 1/2 Zitrone

Mark von 1 Vanilleschote

Erdbeergelee

70 g Erdbeermark

15 g Zucker

Saft von 1/2 Zitrone

1 Blatt Gelatine

CRÈME BRÛLÉE VON ESPRESSO MIT MARACUJASORBET UND ORANGEN-MINZ-SALAT

Für Espresso-Crème brûlée die Sahne und den Espresso mit dem Vanillemark aufkochen, ca. 30 min ziehen lassen. Eigelb mit Zucker über Wasserbad dickcremig schlagen und die Sahne-Espresso-Masse zugeben. Bei milder Hitze rühren, bis die Masse leicht eindickt. Diese auf 4 Förmchen verteilen und über Nacht kühlen. Vor dem Servieren mit braunem Zucker auf Förmchen verteilen und mit einem Bunsenbrenner karamellisieren.

Für das Maracujasorbet alle Zutaten zusammen aufkochen und auskühlen lassen. Anschließend in der Eismaschine frieren lassen.

Die Orangen schälen, in Filets schneiden und mit Puderzucker marinieren. Minze zupfen, in feine Streifen schneiden und unter die Orangenfilets mischen.

Die Crème brûlée separat reichen, den Orangen-Minz-Salat in einem tiefen Teller anrichten und eine Nocke Sorbet auf den Salat setzen.

Zutaten für 4 Personen

Espresso-Crème brûlée

250 ml Sahne

125 ml Espresso

45 g Zucker

1/2 Vanilleschote

5 Eigelb

2 EL brauner Zucker

Maracujasorbet

200 g Maracujamark

100 g Mangomark

70 ml Glukosesirup

60 g Zucker

Orangen-Minz-Salat

4 Orangen

10 Blätter Minze

1 TL Puderzucker

ERDBEERMOUSSE IM BAUMKUCHENMANTEL MIT ZITRONENSORBET

Für den Baumkuchenmantel die Butter schaumig schlagen, Zucker, Likör und Eier nach und nach zugeben, gesiebtes Mehl und Stärke unterheben, Milch zugießen und verrühren. In eine eingefettete Kastenform eine dünne Lage vom Teig geben, im Ofen bei Oberhitze 180°C goldgelb backen, dann die nächste dünne Schicht auftragen. Dies ca. 25-mal wiederholen, über Nacht im Kühlschrank abgedeckt ruhen lassen. Dann aus der Form nehmen, in sehr dünne längliche Scheiben schneiden. 4 Ringe (je ca. 8 cm Durchmesser) mit Folienstreifen an den Ringwänden auslegen, auf ein Blech oder ein Tablett (mit Backpapier belegt) stellen und die Baumkuchenstreifen an der Folie anlegen.

Für die Erdbeermousse das Eigelb und den Zucker über Wasserbad warm schlagen, anschließend kalt schlagen. Die eingeweichte Gelatine in der Eimasse auflösen. Joghurt, Zitronensaft, Erdbeermark unterrühren und die geschlagene Sahne unterheben. Die Erdbeermousse in die 4 Baumkuchenringe bis kurz unter dem Rand einfüllen und kühlstellen. Für das Balsamicogelee Zucker karamellisieren, mit Balsamico ablöschen und kurz einkochen lassen. Die eingeweichte Gelatine darin auflösen und auf die gefüllten Baumkuchenringe verteilen.

Für das Zitronensorbet alle Zutaten zusammen aufkochen, in die Eismaschine füllen und frieren lassen.

Zum Anrichten je 1 Ring auf einen Teller setzen. Den Ring und die Folie vorsichtig abziehen und eine Nocke Zitronensorbet dazu setzen. Mit Himbeeren oder Erdbeeren garnieren.

Zutaten für 4 Personen

Baumkuchenmantel

350 g Butter

350 g Zucker

4 EL Aprikosenlikör

6 Eier

200 g Mehl

150 g Speisestärke

125 ml Milch

Erdbeermousse

2 Eigelb

35 g Zucker

2 Blatt Gelatine

110 ml Joghurt

Saft von 1/2 Zitrone

150 g Erdbeermark

100 g geschlagene Sahne

Balsamicogelee

100 ml Balsamicoessig, dunkel

60 g Zucker

1 Blatt Gelatine

Zitronensorbet

300 ml Zitronensaft

250 g Zucker

100 ml Glukosesirup

ERDBEER-TIRAMISU

Für das Biskuit alle Zutaten (ohne Mehl und Backpulver) verrühren und anschließend das gesiebte und mit Backpulver gemischte Mehl unterheben. Die Masse in eine kleine Auflaufform mit 10 cm Höhe gießen und bei ca. 170 °C 10-12 Minuten backen.

Für die Erdbeermousse das Eigelb und Zucker über dem Wasserbad warm aufschlagen (schaumig) und die eingeweichte Gelatine einrühren. Die Masse kaltschlagen. Die Mascarpone und den Zitronensaft unter das Erdbeermark rühren und glattrühren. Die geschlagene Sahne unterheben.

Für das Erdbeergelee das Erdbeermark, den Zitronensaft und den Zucker zusammen aufkochen, anschließend vom Herd nehmen. Sobald die Masse lauwarm ist, die eingeweichte Gelatine einrühren. Auf das fertig gebackene Biskuit (in Auflaufform) ca. 2 cm Erdbeermousse streichen und dann kaltstellen. Anschließend auf die erkaltete, feste Mousse das Erdbeergelee gießen, und ebenfalls wieder kaltstellen. Schließlich darauf die restliche Mousse verteilen. Nun nochmals das Ganze ca. 12 Stunden kaltstellen.

Das Erdbeer-Tiramisu in 4 gleichmäßige Stücke schneiden und auf 4 Teller verteilen. Dazu passen ein Himbeersorbet oder marinierte Erdbeeren.

Zutaten für 4 Personen

Biskuit

80 g Zucker

2 Eier

1/2 Packung Vanillezucker

1 kleine Prise Salz

Schuss Zitronensaft

1 TL Backpulver

80 g gesiebtes Mehl

Erdbeermousse

2 Eigelb

70 g Zucker

4 Blatt Gelatine

220 g Mascarpone

Saft von 1/2 Zitrone

300 ml Erdbeermark

200 ml geschlagene Sahne

Erdbeergelee

400 ml Erdbeermark

70 g Zucker

Saft von 1 Zitrone

7 Blatt Gelatine

PASSIONS-FRUCHTTORTE MIT ZITRONEN-GRASEIS

Für den Mürbteig alle Zutaten miteinander verkneten und den Teig anschließend ausrollen. In einem mit Backpapier ausgelegten Tortenring (20 cm Durchmesser) den Mürbteig auslegen, den Boden mit einer Gabel einstechen und bei 175 °C goldgelb backen (ca. 12 min).

Für das Biskuit alle Zutaten (ohne Mehl und Backpulver) verrühren, das gesiebte und mit Backpulver gemischte Mehl unterheben und die Masse in eine Backform mit ca. 20 cm Durchmesser gießen. Bei ca. 170 °C 10-12 Minuten backen.

Den Rum mit Zucker und dem Maracujasaft zusammen aufkochen.

Für die Mousse das Eigelb und die Milch über dem Wasserbad warm aufschlagen (schaumig), die eingeweichte Gelatine einrühren und die Masse kaltschlagen. Die weiße Kuvertüre über dem Wasserbad schmelzen und in die Eigelbmasse glattrühren. Die geschlagene Sahne unterheben.

Für die Fruchtmousse das Passionsfruchtmark und das Mangomark aufkochen, die eingeweichte Gelatine dazugeben und darin auflösen. Das Eiweiß und Zucker zu festem Schnee schlagen. Den Schnee unter die erkaltete Fruchtmarkmasse heben und die geschlagene Sahne unter die Masse heben.

Für das Gelee die Passionsfrüchte halbieren und das Fruchtfleisch auskratzen. Das Fruchtfleisch mit dem Passionsfruchtmark und dem Zucker zusammen aufkochen. Die Gelatine einweichen und einrühren, die Masse auf Zimmertemperatur abkühlen lassen.

Das Zitronengras klopfen, mit Zucker bestreuen und zwei Stunden ruhen lassen. Das Ei und den Zucker über dem Wasserbad erwärmen, bis die Masse cremig geworden ist. Die Sahne mit der Milch aufkochen, zur Ei-Zucker-Masse geben.

Das Zitronengras in die Masse einlegen und 24 Stunden ziehen lassen. Die Masse in die Eismaschine geben und gefrieren lassen, kurz vor Schluss den Zitronensaft einlaufen lassen und die Zitronengrasstangen entfernen.

Auf den Mürbteigboden (im Ring) die Aprikosenmarmelade streichen, den Biskuitboden längs halbieren (ergibt somit zwei Biskuitböden mit einem Durchmesser von 20 cm). Einen Biskuitboden auf den Mürbteigboden "kleben", kurz festdrücken. Das Biskuit mit der Tränke beträufeln. Die weiße Schokomousse auf das getränkte Biskuit geben (ca. 3-4 cm hoch). Anschließend kaltstellen, bis die Schokomousse fest wird.

Den zweiten Biskuitboden draufdrücken und mit der Tränke beträufeln. Die Passionsfruchtmousse aufstreichen, kühl stellen. Das Passionsfruchtgelee auf die festgewordene Mousse gießen und nochmals kaltstellen.

Der Kuchen wird in Stücken mit dem Zitronengraseis serviert.

Zutaten für 4 Personen

Mürbteig
50 g Puderzucker
100 g weiche Butter
150 g Mehl gesiebt

Biskuit
120 g Zucker
3 Eier
1/2 Packung Vanillezucker
1 kleine Prise Salz
Schuss Zitronensaft
1 EL Backpulver
120 g Mehl gesiebt

Tränke
30 g Zucker
15 ml Rum
100 ml Maracujasaft

Schokomousse
3 Eigelb
25 ml Milch
1 Blatt Gelatine
175 g weiße Kuvertüre
170 g geschlagene Sahne

Passionsfruchtmousse
300 ml Passionsfruchtmark
150 ml Mangomark
9 Blatt Gelatine
3 Eiweiß
150 g Zucker
300 g geschlagene Sahne

Gelee
50 ml Passionsfruchtmark
3 Passionsfrüchte
70 g Zucker
1 Blatt Gelatine

Zitronengraseis
4 Stangen Zitronengras
250 ml Sahne
250 ml Milch
80 g Zucker
2 Eigelb
Saft von 1 Zitrone

Zwischenschicht
2 EL Aprikosenmarmelade

SCHOKOLADENSCHNITTE MIT CASSISSORBET

Für den Schokoboden das Eiweiß mit dem Zucker zu Schnee schlagen. Das Eigelb in die Schneemasse einrühren und gesiebtes Mehl unterheben. Kuvertüre mit Butter schmelzen und unter die Eimasse mengen. In eine kleine Auflaufform (10 cm Höhe) einfüllen (eventuell mit Backpapier auslegen) und bei 175°C ca. 12 Minuten backen.

Für die Schokomousse das Eigelb und die Milch über einem Wasserbad warm schlagen und anschließend kalt weiter schlagen. Die eingeweichte Gelatine in die Eimasse geben. Kuvertüre schmelzen und ebenfalls in die Eimasse einrühren. Anschließend die geschlagene Sahne unterheben.

Für die Nougatine Hippen klein bröseln, die Kuvertüre und den Nougat schmelzen und mit Hippenbrösel mischen. Zwischen Pergamentpapier dünn ausrollen und kühlstellen.

Für die Canache-Creme die Milch aufkochen, Kuvertüre schmelzen und in die Milch einrühren. Glukosesirup dazugeben.

Für das Sorbet die Zutaten verrühren und in der Eismaschine gefrieren lassen.

Den erkalteten Schokoboden halbieren (ergibt 2 dünnere Schokobodenplatten). Eine der beiden Platten wieder in die Auflaufform legen und ca. 3 cm dick die Schokomousse aufstreichen. Anschließend von der erkalteten Nougatine eine Schicht auf die Mousse legen und die restliche Schokomousse darauf streichen. Den zweiten Schokoboden auflegen und mit Canache-Creme bestreichen. Die Schokoschnitte kühlstellen.

Anschließend in gleichmäßige Rechtecke schneiden, mit Puderzucker bestäuben und eine Nocke Cassissorbet dazu reichen. Eventuell mit Himbeeren garnieren.

Zutaten für 4 Personen

Schokoboden

4 Eiweiß

60 g Zucker

4 Eigelb

15 g Mehl, gesiebt

15 g Zartbitterkuvertüre

60 g zerlassene Butter

Schokomousse

3 Eigelb

25 ml Milch

1 Blatt Gelatine

125 g Vollmilchkuvertüre

50 g Zartbitterkuvertüre

170 g geschlagene Sahne

Nougatine

80 g Hippen

20 g Zartbitterkuvertüre

200 g dunkler Nougat

Canache-Creme

75 ml Milch

50 g Zartbitterkuvertüre

7 ml Glukosesirup

Cassis-Sorbet

150 ml Cassismark

150 ml Cassissaft

30 g Zucker

60 ml Glukosesirup

SCHOKOLADENTARTE

Für den Mürbteig alle Zutaten verkneten und den Teig ausrollen. In einer runden Backform mit 20 cm Durchmesser (mit Backpapier ausgelegt) den Mürbteig auslegen, einen ca. 2 cm hohen Rand formen und den Boden mit einer Gabel einstechen. Bei 175 °C mindestens 12 Minuten goldbraun backen.

Die Sahne aufkochen, die Zartbitterkuvertüre schmelzen, mit dem Glukosesirup und der Sahne verrühren und die weichen Butterwürfel untermixen. Die Canache-Creme auf den gebackenen Mürbteig in die Form einfüllen und auskühlen lassen. Später zum Kühlen in den Kühlschrank stellen. Die Tarte zum Servieren in Kuchenstücke teilen und dann eventuell mit Kokoseis servieren.

Zutaten für 4 Personen

Mürbteig

50 g Puderzucker

100 g weiche Butter

150 g Mehl, gesiebt

Canache-Creme

125 ml Sahne

100 g Zartbitterkuvertüre

15 ml Glukosesirup

25 g Butter

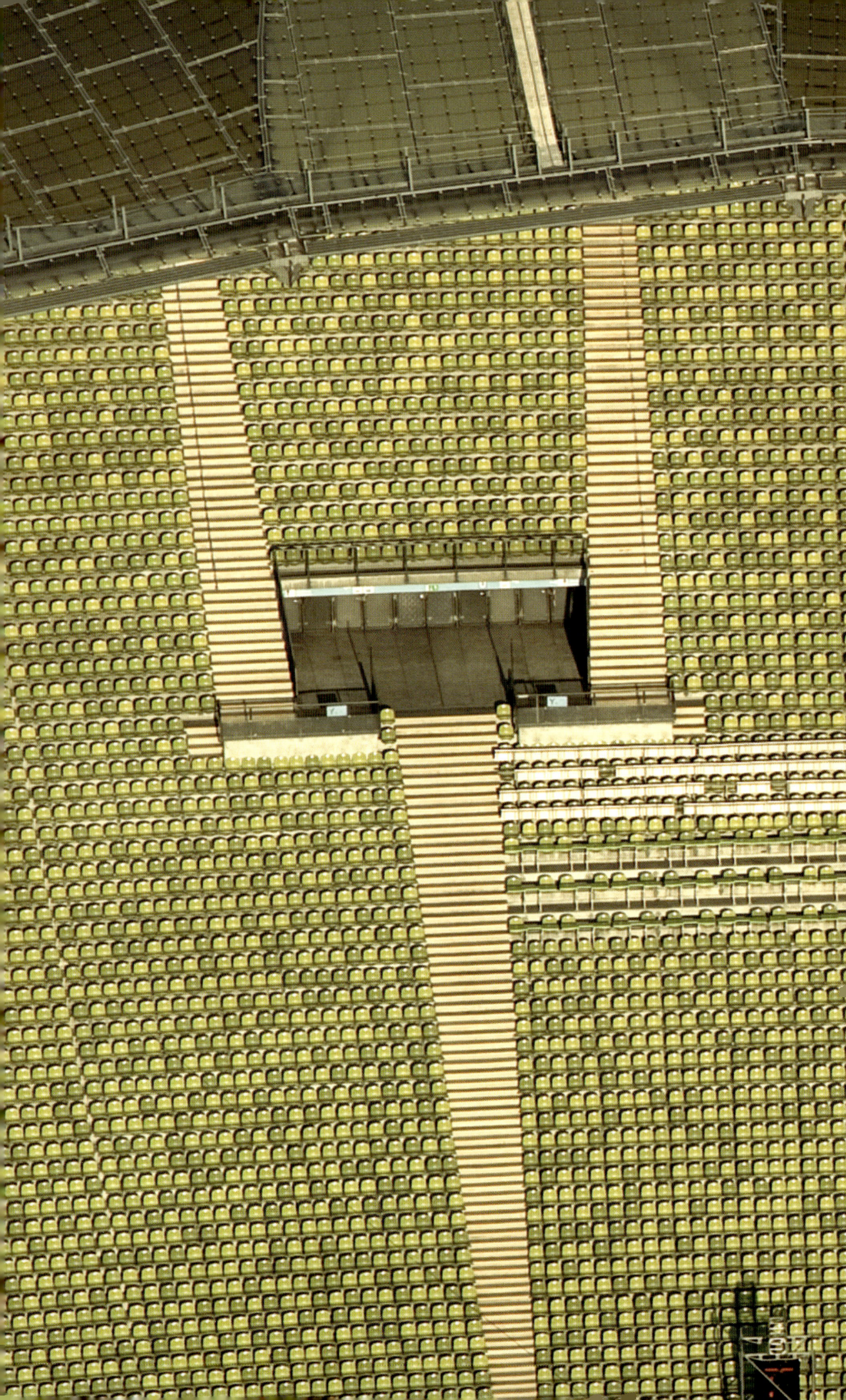

VERTRAUT UND DOCH GANZ ANDERS: OTTO KOCH ÜBERRASCHT IMMER WIEDER MIT UM DIE ECKE GEDACHTEN REZEPTUREN. BEVOR EIN GERICHT ABER IN DEN OLYMP DER "SIGNATURE DISHES" AUFGENOMMEN WIRD, STEHEN VIELE, VIELE VERKOSTUNGEN AN – HIER ZU SAMMEN MIT RESTAURANT-EXPERTIN DORIS GRAF UND DEN BEIDEN KÜCHENCHEFS. AUF DEN NÄCHSTEN SEITEN 12 VON OTTO KOCHS BEKANNTESTEN KLASSIKERN - VOM SEMMELKNÖDEL-SOUFFLÉ BIS ZUR LOTTE MACCHIATO.

ST.-PIERRE-RÖLLCHEN MIT SCHNITTLAUCH-JOGHURT-SAUCE

Die Fischfilets zwischen Klarsichtfolien hauchdünn und gleichmäßig ausklopfen. Für die Füllung das Gemüse mit dem Olivenöl, Salz und Pfeffer marinieren. Die Gemüsestreifen auf die Fischfilets verteilen und vorsichtig aufrollen.

Den Joghurt mit dem Schnittlauch verrühren und mit Salz und Pfeffer abschmecken.

Die Fischröllchen auf die Teller verteilen und mit etwas Sauce anrichten. Als Beilage Kräuterkartoffeln servieren.

Zutaten für 4 Personen

600 g Filets vom St.Pierre, in dünnen Scheiben

120 g Rettich, in sehr feinen Streifen

120 g Kohlrabi, in sehr feinen Streifen

50 g fein gehackte Schalotten

etwas Olivenöl

Salz, Pfeffer

Sauce

1 Becher Vollmilchjoghurt

2 EL Schnittlauch, in feinen Röllchen

FALSCHE PRINZREGENTENTORTE

Die Zutaten für die Crêpes im Mixer zu einem Teig verarbeiten. In einer Pfanne mit Butter sehr dünne Crêpes ausbacken.

Für die Füllung die Pilze durch die mittlere Scheibe des Fleischwolfs drehen und auf einem Blech ausbreiten. Mindestens 2 Stunden bei Zimmertemperatur stehen lassen, damit die Farbe dunkler wird, keine Zitrone oder andere Säuren verwenden, die Pilzfüllung bleibt sonst zu hell.

In einer großen Eisenpfanne die Schalotten in der Butter anschwitzen, die Pilze dazugeben und unter ständigem Rühren (mit einem Holzlöffel) garen. Den dabei gebildeten Fond fast komplett einkochen, die Petersilie dazugeben, noch einige Minuten köcheln, mit Salz und Pfeffer abschmecken.

Die Pilzmasse möglichst heiß auf die kalten Crêpes streichen und übereinanderschichten, bis eine Torte mit etwa acht Lagen entsteht. Kalt stellen.

Mit einem kleinen Küchenmesser die Champignons für die Garnitur tournieren oder mit einem Juliennereißer gleichmäßig Riefen einschneiden. Der Champignon soll dann aussehen wie ein Sahnehäubchen. In mit Salz und Zitrone gewürztem Wasser kurz abkochen.

Für die Sauce den Kalbsfond um die Hälfte einkochen und mit der Butter aufmontieren. Mit einem Spritzer Madeira würzen und abschmecken.

Die Torte in Stücke schneiden und im Mikrowellenherd oder im Dämpfer mit Folie abgedeckt im Ofen erwärmen (ca. 10 Minuten). Die warmen Stücke mit der Sauce übergießen und mit den Champignonköpfen garnieren.

Zutaten für 4 Personen

Crêpes
100 g Mehl
50 g zerlassene Butter
4 Eier
125 ml Wasser
250 ml Milch
1 Prise Salz
Butter zum Ausbacken

Füllung
400 g Champignons
(oder Austernpilze)
70 g Morcheln, eingeweicht
und abgetropft
50 g fein gehackte Schalotten
50 g Butter
2 EL fein gehackte Petersilie
Salz, Pfeffer

Garnitur
8 schöne weiße Champignons
Salz, Zitrone

Sauce
250 ml brauner Kalbsfond
20-60 g Butter
Madeira

WEISSWURST VON MEERESFRÜCHTEN

Fische oder Meeresfrüchte durch die feine Fleischwolfscheibe drehen. In einen Küchencutter geben und mixen, dabei langsam Eiweiß und Sahne zugeben. Die Zutaten vor der Zubereitung gut kühlen, damit die Farce nicht gerinnt. Mit Salz und Pfeffer abschmecken. Schnittlauch unterheben.

Fischfarce mit einer Spritztülle in die Saitlinge füllen, 10-cm-Stücke abdrehen und in Salzwasser 4 Minuten pochieren. Abschrecken, Haut abziehen.

Für die Sauce Fischfond, Sahne und Weißwein einkochen. Mit Butter montieren, den Senf einrühren und abschmecken. Vor dem Servieren kurz aufmixen.

Für das Gemüse die Schalotten in Butter anschwitzen, den geschnittenen Wirsing dazugeben und einige Minuten dünsten. Mit dem Kalbsfond ablöschen und mit der Sahne aufgießen. Den Wirsing zugedeckt langsam weichdämpfen.

Für das Concassé Schalotten und Knoblauch in Butter andünsten, vor dem Anrichten die Tomatenwürfel dazugeben, kurz schwenken, mit Salz, Pfeffer und Basilikum abschmecken.

Enthäutete „Weißwürste" im Dampf erwärmen, auf Wirsing anrichten und mit Senfsauce überziehen. Mit Tomatenwürfeln, Brezel und Kerbel garnieren.

Zutaten für 4 Personen

Weißwurst

250 g Fisch, ohne Haut und Gräten, oder Fleisch von Meeresfrüchten, zum Beispiel Zander, Lotte, Steinbutt oder Hummerkrabben, Langusten, Scampi
3 Eiweiß
250 ml Sahne
Salz, Pfeffer
Schnittlauch, fein geschnitten
Schafsaitlinge (beim Metzger)

Senfsauce

250 ml heller Fischfond
250 ml Sahne
100 ml trockener Weißwein
50 g Butter
2 TL grober Dijon-Senf oder „Moutarde de Meaux"
Salz, Pfeffer

Gemüse

3 fein gehackte Schalotten
30 g Butter
300 g junge Wirsingblätter, geschnitten
125 ml heller Kalbsfond
125 ml Sahne
Salz, Pfeffer

Tomatenconcassé

2 fein gehackte Schalotten
1/2 fein gehackte Knoblauchzehe
30 g Butter
3 Tomaten, geschält, entkernt und in Würfel geschnitten
Salz, Pfeffer
Basilikumblätter, fein geschnitten

Garnitur

Blätterteigbrezel und Petersilie oder Kerbel

LOTTE MACCHIATO

Schalotten schälen und in feine Würfel schneiden. Die Pilze putzen und grob hacken. Schalotten in einem Topf mit 1 EL Butter anschwitzen, Pilze zugeben und mit anschwitzen. Mit der Gemüsebrühe auffüllen und aufkochen lassen. Dann die Sahne hinzufügen und ca. 7 Minuten kochen lassen. Anschließend mit einem Pürierstab die Suppe fein mixen, diese durch ein feines Sieb passieren und mit Salz und Pfeffer abschmecken.

Vom Zitronengras die äußeren harten Blätter abtrennen und die Halme anspitzen. Petersilie abspülen, trocken schütteln und fein hacken. Fischfilet in 4 gleich große Würfel schneiden, diese mit Salz und Pfeffer würzen und in etwas Mehl wenden. Dann je ein Stück auf einen Zitronengrashalm stecken. In einer Pfanne mit 1 EL Olivenöl die Fischspieße von allen Seiten kurz anbraten. Anschließend in gehackter Petersilie wenden.

Die Milch erwärmen und mit einem Pürierstab so lange mixen, bis ein fester Schaum entsteht. Die heiße Suppe in 4 Whiskygläser füllen, den Milchschaum auf die Suppe geben. Mit frisch geriebenem Muskat bestreuen. Je einen Fischspieß über den Rand der Gläser legen.

Zutaten für 4 Personen

Pilzsuppe

2 Schalotten

150 g gemischte Speisepilze

1 EL Butter

250 ml Gemüsebrühe

250 ml Sahne

250 ml Milch

Salz, Pfeffer

Fischspieß

4 Stängel Zitronengras

3 Stängel glatte Petersilie

125 g Seeteufelfilet (Lotte), pariert

Salz, Pfeffer

1 EL Mehl

1 EL Olivenöl

1 Prise Muskat, frisch gerieben

GRAMMELKNÖDEL AUF SAUERKRAUT

Mehl, Wasser, Öl und Salz zu einem festen Teig verarbeiten, gut durch-kneten und 2 Stunden ruhen lassen.

Die fein geschnittenen Speckwürfel in einer Pfanne goldgelb anbraten, auf einem Drahtsieb abtropfen lassen, mit Salz und Pfeffer würzen. Aus den abgekühlten Würfeln kleine Kugeln (etwa 30 g pro Stück) formen. Den Teig 1/2 cm dick ausrollen und in kleine Vierecke schneiden. Auf jedes Viereck eine Speckkugel legen, mit dem Teig einrollen und zu-drücken. Es dürfen keine Löcher in den Knödeln sein, sonst weicht der Inhalt auf und wird geschmacklos. Die Knödel in kochendes Salzwasser legen und 10 Minuten ziehen lassen.

Für das Sauerkraut die Schalotten mit dem Knoblauch in Butter andüns-ten, das Kraut dazugeben und mit dem Kalbsfond auffüllen. Speck, Wa-cholderbeeren und Lorbeerblatt zufügen und ca. 1 Stunde leicht kochen lassen. Zur Bindung die rohe Kartoffel über das Kraut reiben, noch eini-ge Minuten köcheln lassen und öfter umrühren, damit das Sauerkraut nicht anbrennt. Zum Schluss den Champagner angießen und noch ein-mal umrühren.

Das Sauerkraut auf Teller oder in Schälchen verteilen und die Knödel darauf anrichten.

Für 6-8 Personen

Grammelknödel

800 g fester, roher Schweinerücken-speck, in feine Würfel geschnitten

180 g Mehl

100 ml Wasser, lauwarm

1 EL Öl

1 Prise Salz

Sauerkraut

500 g mildes Sauerkraut

30 g in Streifen geschnittene Schalotten

1/2 fein geschnittene Knoblauchzehe

30 g Butter

250 ml heller Kalbsfond

30 g Speck, geräuchert

2 Wacholderbeeren

1 Lorbeerblatt

1 mittelgroße rohe Kartoffel, geschält

500 ml trockener Champagner

SEMMELKNÖDEL-SOUFFLÉ MIT CREMIGEN PFIFFERLINGEN

Die Schalotten in Butter anschwitzen. Mit der Sahne, dem Eigelb und den Semmelscheiben mischen. Petersilie und Speckwürfel dazu geben. 25 Minuten stehen lassen, damit das Brot gut durchzieht. Sollte der Teig sehr trocken sein, etwas Milch dazu geben. Es darf aber nur so viel sein, dass die Knödelmasse zusammenhält. Nicht zu oft umrühren, denn der Teig muss locker bleiben und darf nicht klebrig werden. Noch einige Minuten ruhen lassen und kurz vor dem Einfüllen in die Souffléformen das geschlagene Eiweiß unterheben.

Souffléformen buttern, mit hauchdünn geschnittenen Speckscheiben den Boden der Formen auslegen (damit sich die Soufflés besser stürzen lassen) und die Knödelmasse einfüllen. In ein Wasserbad stellen und im 180° C heißen Ofen circa 20 Minuten pochieren.

Die Schalotte in Butter andünsten, die Pilze hineingeben, kurz anschwenken und sofort aus der Pfanne nehmen. Die Pfanne mit dem Fond ablöschen, die Sahne dazugießen und bei guter Hitze um etwa ein Drittel einkochen. Durch ein Sieb passieren und die Pilze wieder hineingeben. Mit dem Mixstab aufmontieren und abschmecken.

Die Soufflés auf Teller stürzen, mit der Pfifferlingssauce umgießen und mit fein geschnittenem Schnittlauch garnieren.

Zutaten für 4 Personen

Semmelknödelsoufflé

1 EL fein geschnittene Schalotte

25 g Butter

125 ml Sahne

1 Eigelb

4 altbackene Semmeln, in feine Scheiben geschnitten

1 EL gebratener Rauchspeck, sehr fein gewürfelt

1 EL fein gehackte Petersilie

2 Eiweiß

20 g Butter für die Formen

geräucherter Speck, hauchdünn aufgeschnitten, zum Auslegen der Formen

Schnittlauch zum Garnieren, fein geschnitten

Pfifferlinge

1 fein geschnittene Schalotte

Butter zum Andünsten

300 g Pfifferlinge, geputzt

100 ml Kalbs- oder Geflügelfond

250 ml Sahne

Salz, Pfeffer

GRATINIERTES RINDERMARK

Die Markknochen vom Metzger jeweils der Länge nach halbieren lassen, so dass vier „Tröge" entstehen. Das Mark vorsichtig aus den Knochen lösen und 48 Stunden in kaltem Wasser wässern. Wasser mehrmals wechseln.

Die Knochen auskochen und eventuell vorhandene spitze Knochenteile innen entfernen. Die Knochen mit dem trockenen Püree füllen und mit in Scheiben geschnittenem Mark belegen. Im Ofen bei guter Oberhitze erwärmen, bis das Mark heiß ist. Ein Teil des Marks hat sich jetzt verflüssigt und ist in das Püree gesickert. Jetzt wird mit Salz, Pfeffer aus der Mühle und dem Schnittlauch nach Geschmack gewürzt.

Anrichten wie ein „kleiner Trog" auf Füßen, die man aus Baguette geschnitten hat.

Zutaten für 4 Personen

2 große Markknochen

12 EL trocken gehaltenes

Kartoffelpüree mit gehackter Petersilie

Schnittlauch, fein geschnitten

Salz, Pfeffer

„LANGOUSTINE"
IM NEUEN KLEID

Pro Gericht zwei Langusten ausbrechen, bei einer das Schwanzsegment nicht entfernen. Der Langustenschwanz muss entdarmt werden. Eine Languste mit Schwanzflosse und eine ohne mit Farce zusammenkleben, dann mit Farce bestreichen und mit Spinatblatt belegen.

Aus dem Frühlingsrollenteig Viertelmonde ausstechen. Vom Schwanz aus die Monde schuppenförmig aneinander reihen, bis der Panzer scheinbar wieder vollständig vorhanden ist.

Bei 230° C 8 Minuten im Ofen backen. Die Langustenköpfe auswaschen und abkochen. Die gebackenen Langusten auf den Steinpilzen anrichten. Mit den Köpfen so garnieren, dass optisch wieder eine ganze Languste daliegt. Mit dem Kräuterpesto garnieren.

Zutaten für 4 Personen

8 große Langusten im Ganzen

100 g Fischfarce (zu gleichen Teilen

Scampi, Zander und Sahne)

2 Blätter frischer Frühlingsrollenteig

oder Brickteig

4 große blanchierte Spinatblätter

Beilage

250 g Steinpilze

Butter zum Braten

1 fein geschnittene Schalotte

Kräuterpesto

2 Bund Basilikum

1/2 Bund Petersilie

1/2 Bund Schnittlauch

1 Bund Kerbel

250 ml Olivenöl

200 ml Limonenöl

10 g Salz

3 Knoblauchzehen

100 g geröstete Pinienkerne

2 EL Zitronensaft

GEFLÜGEL-ENTCHEN „LE GOURMET"

Zutaten für 4 Personen

„Entchen"

4 Hähnchenkeulen

100 g Entenleber

4 Wachteleier, gekocht und geschält

8 gehobelte Scheiben Mandeln, geröstet

8 Nelken

Salz, Pfeffer

2 l heller Geflügelfond

Öl

Kartoffelpüree

grüne Lauchblätter

Sauce

250 ml kräftiger trockener Rotwein

125 ml brauner Geflügelfond

20 g Trüffel, gewürfelt

Die Hähnchenkeulen mit möglichst viel Haut von den Körpern lösen, damit genügend Platz zum Füllen der Keulen vorhanden ist. Den Oberschenkel- und Unterschenkelknochen auslösen.

Die Keulen mit Entenleber füllen, salzen und pfeffern. In Alufolie einwickeln. Den Rand der Folie fest zusammendrehen. In den Geflügelfond geben und etwa 40 Minuten kochen.

Aus der Folie nehmen und die Keulen kurz in Öl anbraten, damit die Haut kross wird. Den Bratensaft der Keulen mit dem Rotwein ablöschen, den Geflügelfond dazugeben und zur gewünschten Konsistenz einkochen. Abschmecken und vor dem Anrichten die Trüffelwürfel in die Sauce rühren.

Die Geflügel-Entchen auf einem Ring aus Kartoffelpüree anrichten, mit der Sauce übergießen und mit einem zum Entenschwanz geschnittenen Fächer aus grünem Lauch garnieren.

In die Wachteleier jeweils 2 Nelken als Augen und 2 Mandelscheiben als Schnabel stecken. Den „Kopf" mit einem Zahnstocher auf den „Entenkörper" stecken.

KALBSPÄCKCHEN IN GEBACKENEN BANDNUDELN AUF FARNSPITZEN

Die Kalbsmedaillons würzen und langsam in Butter anbraten. Beiseite-stellen. Den Kalbsfond mit dem Rotwein aufsetzen und einkochen lassen.

Die Nudeln - wie ein Band um ein Päckchen - um die Medaillons wi-ckeln. Obenauf mehrere Nudeln wie eine Schleife auflegen und in der Mitte mit einem Zahnstocher befestigen. In heißem Öl ausbacken. Wenn die Nudeln goldbraun sind, herausnehmen, abtropfen lassen und warm-stellen.

Die Farnspitzen blanchieren und abschrecken. In Butter anschwenken und mit Salz und Pfeffer würzen.

Die Kalbspäckchen auf den Tellern mit der mit Butter aufmontierten Sauce umgießen. Die Farnspitzen à part servieren.

Zutaten für 4 Personen

4 Kalbsmedaillons à 100 g

400 g lange Bandnudeln, 2 cm breit, vorsichtig abgekocht

reichlich Öl für eine Frittüre

400 g Farnspitzen (tiefgekühlt oder frisch)

500 ml Kalbsfond, dunkel

200 ml trockener kräftiger Rotwein

Butter zum Montieren

Salz, Pfeffer

GRATINIERTE KÄSEPLATTE

Den Käse wenn nötig entrinden, in gleichmäßig dünne Scheiben schneiden und auf den Tellern anrichten. Die Rosmarinzweige darauflegen. Bei Oberhitze in den heißen Ofen stellen, bis der Käse geschmolzen ist.

Mit etwas Olivenöl übergießen und mit frisch gemahlenem Pfeffer würzen. Mit dem Schnittlauch bestreuen.

Mit Weißbrot oder Bauernbrot und dem grünen Salat servieren.

Zutaten für 4 Personen

80 g milder Reblochon

80 g milder Ziegenkäse

80 g Roquefort oder ein anderer
Blauschimmelkäse

80 g Emmentaler

80 g Brie

80 g Munster

80 g Gaperon

4 Rosmarinzweige

Schnittlauch

Pfeffer

Olivenöl

Salat

1 Kopfsalat

Essig, Öl

Salz, Pfeffer, Kräuter

KIRSCHEN-DREIERLEI

Die Kirschen entsteinen und für etwa 3 Stunden in die Marinade legen.

Für das Sorbet den Kirschsaft mit Zitronensaft und Zucker abschmecken. Er darf nicht zu süß, aber auch nicht zu sauer sein, da die Konsistenz auch vom Zuckeranteil abhängt. Den Saft in einer Sorbetière kaltrühren und frieren.

Auf gekühlten Tellern die marinierten Kirschen anrichten und mit der Marinade übergießen. Eine Kugel Kirschsorbet in die Mitte geben und mit Minze garnieren.

Zutaten für 4 Personen

500 g große Herzkirschen
Minzblätter

Marinade

30 ml Kirschbrand
20 ml Maraschino
30 ml Kirschlikör
Zucker

Sorbet

250 ml frischer Kirschsaft
Saft von 1/2 Zitrone
75-125 g Zucker, je nach Süße
des Saftes

GRUNDREZEPTE

RINDS-, KALBS- ODER GEFLÜGELBRÜHE

Zutaten für 1,5 Liter

2 l kaltes Wasser
700 g Suppenfleisch / Knochen (Rind, Kalb oder Geflügel)
200 g Suppengemüse
1 Zehe Knoblauch, zerdrückt
3 Zweige Thymian
1 Lorbeerblatt
1 TL Pfefferkörner, zerdrückt
Salz, Pfeffer

Einen Topf mit Wasser zum Kochen bringen. Das Fleisch und die Knochen kurz in dem heißen Wasser blanchieren und anschließend mit kaltem Wasser abspülen.

2 l kaltes Wasser mit Fleisch und Knochen in einem Topf langsam erhitzen. Die Brühe 1-2 Stunden leicht kochen lassen. Zwischendurch den aufsteigenden Schaum immer wieder abschäumen.

Das Suppengemüse, Knoblauch, Thymian, Lorbeerblatt und Pfefferkörner zu den Knochen geben und 1 weitere Stunde leicht kochen lassen. Die Brühe mit Salz und Pfeffer abschmecken. Durch ein Sieb passieren. Das überschüssige Fett von der Oberfläche abschöpfen.

BRAUNER FOND VOM KALB, LAMM, GEFLÜGEL ODER WILD

Zutaten für ca. 1 Liter

2 Zwiebeln
1 Knoblauchzehe
2 Karotten
1/2 Knollensellerie
1/2 Stange Lauch
1,5 kg Kalbs-, Lamm-, Geflügel- oder Wildknochen, vom Metzger in kleine Stücke hacken lassen
100 ml Pflanzenöl
750 ml trockener Rotwein
2 l Wasser
Pfefferkörner
1 Zweig Rosmarin
1 Zweig Thymian
1 Lorbeerblatt

Zwiebeln, Knoblauch, Karotten und Sellerie putzen, schälen und würfeln. Den Lauch putzen und in Scheiben schneiden. Die Knochen in Öl anbraten, dabei immer wieder umrühren, damit nichts anbrennt – das geht übrigens am besten in einem Bräter im Backofen. Die Knochen im vorgeheizten Backofen bei 180 °C Ober- und Unterhitze goldbraun rösten. Wenn die Knochen goldbraun sind, alle Gemüse dazugeben und diese ebenfalls rösten. Weiter rühren, bis die Gemüse schön braun sind. Mit Rotwein ablöschen und mit einem Holzspatel den Bratenansatz vom Pfannenboden lösen. Mit Wasser aufgießen, einige Pfefferkörner zerdrücken und zusammen mit den Kräutern zugeben. Im Backofen 4 Stunden sanft köcheln lassen, zwischendurch immer wieder entfetten. Sollte der Flüssigkeitsspiegel so weit sinken, dass die Knochen nicht mehr bedeckt sind, etwas Wasser nachfüllen. Am Ende der Kochzeit den Fond durch ein feines Sieb passieren und weiter einkochen. Dann abermals durch ein feines Tuch passieren und – falls erforderlich – abschäumen und entfetten. Die Flüssigkeit auf 1 l einkochen, abkühlen lassen und kaltstellen.

Dient auch als Basis für Wildsauce, Kalbsjus oder Lammjus.

FISCHFOND

Sellerie, Karotten, Lauch und Schalotten putzen, gegebenenfalls schälen und alles in Scheiben schneiden. Zusammen mit den restlichen Zutaten in einem Topf aufkochen und etwa 30 Minuten leicht köcheln lassen. Öfter abschäumen und zum Schluss vorsichtig durch ein feines Tuch passieren. Anschließend abkühlen lassen und kaltstellen.

Zutaten für ca. 1/2 Liter

50 g Knollensellerie

50 g Karotten

50 g Schalotten

50 g Weißes vom Lauch

375 ml trockener Weißwein

250 g Gräten und Abschnitte von

hellfleischigen Fischen

250 ml Wasser

weiße Pfefferkörner

Salz

MAYONNAISE

Die Eigelb mit dem Senf verquirlen, bis alles gut vermischt ist. Das Öl ganz langsam mit einem Schneebesen einrühren. Nicht zu viel Öl auf einmal in die Eiermischung geben, sonst gerinnt die Mayonnaise. Wenn die Mayonnaise die gewünschte Konsistenz angenommen hat (dick und cremig), wird sie mit Salz und Pfeffer abgeschmeckt.

Zutaten für 4 Portionen

2 Eigelb

1 EL Senf, mittelscharf

250 ml Sonnenblumen- oder

Erdnussöl

Salz, Pfeffer

PESTO GENOVESE

Alle Zutaten zusammen mixen oder in einem Mörser verarbeiten.

Zutaten für 4 Portionen

30 g Pinienkerne, in Olivenöl geröstet

1 Knoblauchzehe

2 Bund frisches Basilikum

Salz, Pfeffer

200 ml Olivenöl

30 g frisch geriebener Parmesan

TRÜFFELSAUCE

In einer heißen Pfanne Schalottenwürfel anschwitzen, Trüffel hinzufügen, mit Madeira ablöschen, um die Hälfte reduzieren, mit Kalbsfond auffüllen, nochmals um die Hälfte reduzieren, mit Salz und Pfeffer abschmecken und kurz vor dem Anrichten mit der kalten Butter verrühren.

Zutaten für 4 Personen

150 ml Kalbsfond

50 ml Madeira

20g Schalottenwürfel

40 g schwarze Trüffel, fein gehackt

1 TL Butter

Salz, Pfeffer

ANHANG

OTTO KOCH

VITA

1965 – 1968
Lehre im Regina Palast Hotel in
München bei Küchenchef
Siegfried Schaber

1968 – 1973
Stationen in Restaurants und Hotels
in Deutschland, der Schweiz und in
Frankreich:
RESTAURANT WALLBERG,
Volketswil bei Zürich
CARLTON HOTEL, St. Moritz
KULM HOTEL, St. Moritz
RESTAURANT À POINT ∗, Basel
L'OASIS ∗∗∗, La Napoule
bei Cannes
TAILLEVENT ∗∗∗, Paris

1974
Eröffnung des Restaurants
„Le Gourmet" in München

1976
Erster Michelin-Stern

1990
Umzug des „Le Gourmet" in Münchens
Innenstadt in das Haus **„Schwarzwälder"**
mit drei Restaurants, Bankettabteilung,
Privatclub, Vinothek

Seit 1996
Gourmet-Chef und kulinarischer Berater
bei **„Robinson"** (25 Betriebe weltweit).
Spezielle Aufgaben: Qualitätsentwicklung,
neue gastronomische Konzepte, Gourmet-
Events

2002-2009
Gourmet-Restaurant **„KochArt"** im Ro-
binson Club Alpenrose Select,
Zürs am Arlberg. Ein Michelin -Stern

Seit Oktober 2009
Patron des Restaurants
„181 First & Business" im
Olympiaturm, München

AUSZEICHNUNGEN

Im Restaurant „Le Gourmet" beständig
ein Michelin-Stern und 18/20 Punkte bei
Gault Millau, 19/20 Vif und 4/5 Punkte
bei Feinschmecker

Member of the „Great Chef Series"
at the Culinary Institute of America

Im Dezember 1995 wurde „Le Gourmet"
vom American Business Traveller als
einziges typisch deutsches First Class
Restaurant zu den 20 besten Restaurants
weltweit gewählt.

Prix d'honneur international pour la cuisine exemplaire, Ordre de St. Fortunat

Ehrenurkunde der Zeitschrift
„Der Feinschmecker" und von Bundes-
präsident a.D. Walter Scheel für außer-
ordentliche Verdienste um die Koch-
kunst in Deutschland

Goldmedaille, La Ronde des Gourmets
2005 „Robinson"- Ehrenoscar für her-
ausragende kulinarische Erfolge
bei Robinson

AKTIVITÄTEN

Seit 1980 Seminare für Köche,
Küchenchefs und selbständige
Gastronomen

Autor und Co-Autor mehrerer
Kochbücher

Seit 1998 jeden Freitag live im
„ARD-Buffet"

Seit 1990 gastronomische
Beratung für Hotels und
gastronomische
Objekte

Entwicklung eines
Audit-Systems für
Qualitätsmanagement
in der Gastronomie

Planung und
Organisation der
„Ècole Culinaire"
für Sodexo
Deutschland

Aufsichtsrat
bei Sodexo
Deutschland

DAS TEAM DES „RESTAURANT 181" IM OLYMPIATURM

Jedes Unternehmen ist nur so gut wie seine Mitarbeiter - das gilt für ein Restaurant mit dem hohen Anspruch des „181", das seinen Gästen in Küche und Service Außergewöhnliches bieten möchte, in ganz besonderer Weise. Ich empfinde es als großes Glück, mit Doris Graf, Henning Aldag, Jens Hädicke, Eva-Maria Hartl, Dietmar Fritz, Vincenzo Mazza, Uwe Dittrich, Anne Wiesenberg auf ein bestens eingespieltes und zuverlässiges Führungsteam bauen zu dürfen. Zu ihnen gesellen sich alle anderen Mitarbeiter, die - jeder an seinem Platz - ihr Bestes leisten.Ihnen allen gilt mein Dank:

Peter Horvat, Isabelle Harnack, Christian Gail, Bernhard Kehl, Michael Kern, Jelena Plavsic, Rached Haddad, Uwe Roigk, Giovanni Rossitto, Franz Stitteneder, Walter Smole, Fatih Yildiz, Susanne Bauer, Bernadette Kiehl, Sarah Müller, Anja Fritz, Christian Larcher, Thomas Dölzlmüller, Salvatore Grillo, Ivelina Peycheva, Renate Prehover, Agnes Ferenczi, Tina Schneider, Petra Knabe, Martina Eder, Firas El-Hanini, Anh Toan Huynh, Romona Graeli, Carlos Andres Stopp, Nicole Keller, Markus Eisenmann, Karl-Heinz Kellner, Jan-Alexander Malz, Przemyslaw Dudek, MarkusHermann, Marc Obermeier, Dominik Kirchner, Emanuel Tillack, Said-Ehsanuddin Zewari, Dureid Khalil Uraha, Florian Will, Anna Sielaff, Falk Richter, Simon Fraundorfer, Felix Faltermeier, Ruchira Perera, Karim Kachlan, Yusuf Kilic, Corinna Traynor, Lassana N`Diaye, Aly Traore, Zakari Moussa, Dany Khaliel Uraha, Doris Steinecke, Elisabeth Peglau.

Otto Koch

DAS AUTOREN- UND FOTOGRAFENTEAM

Hans Gerlach machte die Fotos zu diesem Buch. Der gelernte Koch hat einst sieben Jahre in Sterne-Restaurants gekocht, darunter 1987 bei Otto Koch im „Le Gourmet" in München - eine Begegnung, die ihn bis heute bereichert. Danach schloss Gerlach ein Architekturstudium ab und arbeitete viele Jahre als Foodstylist. Heute ist er Fotograf und Kochbuchautor. Vielen kulinarisch Interessierten ist er durch seine Kolumnen ein Begriff, die er für das Gault Millau Magazin und das Magazin der Süddeutschen Zeitung geschrieben hat.

Susanna Bingemer führte zusammen mit Gerlach das Interview mit Otto Koch und verfasste alle Texte. Sie schreibt für Buchverlage und Zeitschriften vor allem über Kulinarik, Ernährung und Reisen. Nach einem Linguistik-Studium in München absolvierte sie ein Volontariat bei Pro Sieben, wo sie anschließend auch Redakteurin wurde. Seit 1998 arbeitet sie als freie Journalistin und Autorin.

Zusammen haben die beiden sich mit ihrem Büro food und text in München auf die Produktion von Food-Themen spezialisiert und gemeinsam auch schon einige erfolgreiche Kochbücher geschrieben.

Anja Prestel übernahm die digitale Post-Production und unterstützte die Produktion der Rezeptbilder als Assistentin tatkräftig. Prestel ist freie Fotografin in München.

Barbara Dodt sorgte für das Setstyling vor und während der Fotoproduktion. Die gelernte Hotelfachfrau arbeitet in München als Stylistin im Food- und Stillifebereich.

Bild rechts: „Flambierter Torso mit frischen Beeren" , ein Klassiker von Otto Koch. Ein stets begehrtes Dessert, das nur in einer hochprofessionellen Küche hergestellt werden kann.

ARENA ONE

Das Hospitality-Unternehmen Arena One ist einer der national wie international führenden Dienstleister im Gastronomie- und Eventbereich. Ob es um sportliche oder kulturelle Großveranstaltungen wie die FIFA-Fußball-WM Deutschland 2006 oder Südafrika 2010, um das „BMW International Golf Open", um die „Klassik am Odeonsplatz", die „Nokia Night of the Proms" oder um eine Premierenfeier geht − Arena One bringt hier Kompetenz und Service auf höchstem Niveau ein und betreut ebenso erfolgreich Corporate-Events für Siemens, EON, die Allianz oder BMW. Neben der umfassenden Wahrnehmung aller Dienstleistungen in der Allianz-Arena stellt die gastronomische Versorgung im Catering- und Restaurantbereich des Olympia-parks ein Herzstück der Tätigkeit des Münchner Unternehmens dar - und mit dem „Restaurant 181 - First und Business" unter der Patronanz von Otto Koch bietet Arena One im wahrsten Sinne „Kulinarische Höhenflüge" an einem ganz besonderen Ort.

RESTAURANT 181
INSPIRED BY OTTO KOCH

181 FIRST
„Sehen und nicht gesehen werden" - ein fantastischer
Ausblick in einem ebenso persönlichen wie exklusi-
ven Rahmen mit Gourmet-Küche auf höchstem Niveau

ÖFFNUNGSZEITEN
Montag - Freitag
ab 19 Uhr

181 BUSINESS
Kulinarische Erlebnisse in außergewöhnlicher Um-
gebung, neue Horizonte 181 Meter über der Stadt

ÖFFNUNGSZEITEN
Montag - Sonntag
von 11 Uhr bis 16 Uhr 30 und
von 18 Uhr bis 24 Uhr

Spiridon-Louis-Ring 7
80809 München

Reservierung +49 89 35 09 48 - 181
Email: info@restaurant181.com

DER „OTTO KOCH-CLUB"
Exklusive Kochkurse im kleinen Kreis
und in privater Atmosphäre
Eschenriederstraße 47
82194 Gröbenzell

Informationen: Tel.: 0175 243 7768
oder per Mail koch@ok-hc.com

Die Deutsche Bibliothek - CIP-Einheitsaufnahme
Otto Koch / Hans Gerlach / Susanna Bingemer
Kulinarische Höhenflüge /
Fotos von Hans Gerlach.
München: Culinaris, 2010

Umschlaggestaltung: adSchwert, München
Produktion: adSchwert, München
Layout und Satz: adSchwert, München
Gesamtherstellung: Firmengruppe APPL, aprinta druck, Wemding
Printed in the EU

ISBN 978-3-941641-09-9

Verlag und Autoren danken der
Besteckmanufaktur Pott und
dem Porzellanhersteller Maxwell & Williams
für die großzügige Unterstützung.